普通高等教育"十三五"规划教材

科技信息检索

（第七版）

主编　陈英　章童

副主编　刘霞　蔡书午　赵宏铭

科学出版社

北　京

内 容 简 介

本书以国内外信息检索系统的最新版本为素材,充分展示了国内外信息检索系统最新动态与使用方法。本书内容新颖,结构合理,操作性强,注重实用,从更广、更新、更深的层面体现当代社会对培养高校学生信息素质能力的要求。

本书以现代信息检索技能的理论与实践为主线,主要由信息概论与信息检索原理及检索技术、学术论文信息检索、专利技术信息检索、电子图书信息检索、信息整理与利用5大模块构成,共10章。以国内外著名、权威、常用的网络数据库为典型代表,以实例分析其检索特性和主要检索方法与过程,为学习者提供了检索国内外学术论文信息、专利技术信息以及其他信息的途径、方法与技能;以信息资源的收集原则与整理方法、信息资源的利用与再生、信息研究报告撰写示例阐述了信息利用的基本思路。

本书既可作为普通高校本科生和研究生学习现代信息检索方法与技能的教材,又可作为教学、科研、工程技术人员和社会各界人士检索信息的参考书。

图书在版编目(CIP)数据

科技信息检索/陈英,章童主编. —7版.—北京:科学出版社,2019.12
普通高等教育"十三五"规划教材
ISBN 978-7-03-061627-2

Ⅰ.①科… Ⅱ.①陈… ②章… Ⅲ.①科技情报-情报检索-高等学校-教材 Ⅳ.①G252.7

中国版本图书馆 CIP 数据核字(2019)第 114878 号

责任编辑:余 江 张丽花 陈 琼 / 责任校对:樊雅琼
责任印制:张 伟 / 封面设计:迷底书装

科学出版社 出版
北京东黄城根北街 16 号
邮政编码:100717
http://www.sciencep.com

固安县铭成印刷有限公司 印刷
科学出版社发行 各地新华书店经销
*
2001 年 5 月第 一 版 开本:787×1092 1/16
2019 年 12 月第 七 版 印张:10 3/4
2022 年 1 月第 34 次印刷 字数:255 000

定价:32.00 元
(如有印装质量问题,我社负责调换)

第七版前言

本书自 2001 年出版以来，受到社会的广泛认同，取得了显著的社会效益。曾获第六届四川省高等教育教学成果三等奖、2016 年全国高校信息素养教育研讨会教材类三等奖，在国内同类教材中享有较高的声誉，被五十余所高校选用。为了适应高校学生、科研人员、工程技术人员和社会各界人士在新型的网络环境下学习、掌握信息检索技能的需求，编者在《科技信息检索》(第六版)的基础上进行修订，进一步完善相应内容。与国内已出版的同类教材比较，本书主要特点如下。

(1) 在整体规划上，集科学性、系统性、先进性和实效性为一体。科学性是指本书涉及的内容属于科学研究工作的组成部分之一。系统性是指本书以现代信息检索技能的理论与实践为主线，全面、系统，由浅入深，循序渐进地阐述信息检索的理论方法与实际操作过程。先进性是指本书以网络环境下的信息检索与利用为核心内容，充分反映了利用网络及数据库技术对实现信息检索目的的优势。实效性是指本书列举了众多实例，以实例阐述抽象的概念和术语，达到掌握其基本原理的要求，以实例阐述检索技术的使用和检索方法与流程，达到学以致用的目的。

(2) 内容全面，选材新颖，实用性、操作性强。内容全面是指学科范围涉及社会科学、自然科学、工程技术的各个领域。选材新颖是指章节内容素材直接源自于国内外著名网络信息检索系统 2019 年的最新版本，根据版本变化，进行了大幅度的补充、删减与修改，充分展示了国内外网络信息检索系统的最新动态变化特征与使用方法。实用性、操作性强是指检索实例的撰写更注重方法与步骤优化，强化了信息检索技能操作训练的功能，起到指导上机操作的作用，达到检索的特定需求。读者通过扫描二维码，可进行扩展阅读。

(3) 在结构体系上，既保持各章节相互关联，又可自成体系独立使用，以适应不同层次读者的需求。

全书以现代信息检索技能的理论与实践为主线，主要由信息概论与信息检索原理及检索技术、学术论文信息检索、专利技术信息检索、电子图书信息检索、信息整理与利用 5 大模块构成。

信息概论与信息检索原理及检索技术模块揭示了信息、知识、文献三者的关系，分析了文献信息资源的类型与特点，以及文献信息资源与现代科技、经济的发展；分析了信息检索的类型与特点，叙述了信息检索的原理，列举了信息检索方法的基本思维及步骤，用实例详解了信息检索技术及应用。

学术论文信息检索模块以中国知网(CNKI)、维普资讯、万方数据知识服务平台、Engineering Village(简称 Ei Village)、Web of Science、SciFinder、Ovid、ScienceDirect 等国内外著名、权威的检索系统为典型代表，以实例分析了它们的检索特性和主要检索流程，为学习者提供了检索国内外学术论文信息的途径、方法与技能。

专利技术信息检索模块阐述了知识产权与专利权的三大特性，从专利信息的类型和作用辨析了专利技术信息与学术论文信息在内涵和利用上的区别。以中国国家知识产权局专利检索及分析系统、美国专利与商标局专利数据库、欧洲专利数据库等为典型代表,以实例展示了其主要检索流程,为学习者提供了检索国内外专利技术信息的途径、方法与技能。

电子图书信息检索模块以汇雅电子图书平台、读秀学术搜索、中华数字书苑和寻知学术文献数据检索平台为典型代表,以实例展示了国内外电子图书的主要检索方法与阅读功能。

信息整理与利用模块以信息资源的收集原则与整理方法、信息资源的利用与再生阐述了信息利用的基本思路,并以编者已完成的研究课题"磷化工国内外专利信息研究"的研究报告作为撰写示例,为读者在信息利用方面提供参考、借鉴。

全书各章节编写分工如下。

陈　英:第1章、第2章、第9章、第10章

章　童:第3章、第7章

蔡书午:第4章

赵宏铭:第5章

刘　霞:第6章、第8章

全书由陈英研究馆员统稿、定稿。

在本书历次修订中参阅了同行的有关论著,在出版中得到科学出版社编辑的通力合作与鼎力相助,在此一并表示衷心的感谢!

鉴于编者学识水平和选取的素材有限,书中难免出现疏漏之处,敬请同行和读者不吝指正。

编　者

2019年11月于蓉城

学时分配参考

目 录

第1章 信息概论 ... 1
1.1 信息、知识、文献 ... 1
1.1.1 信息 ... 1
1.1.2 知识 ... 2
1.1.3 文献 ... 2
1.2 信息资源及其类型 ... 3
1.2.1 信息资源概述 ... 3
1.2.2 信息资源的类型 ... 4
1.3 文献信息资源的类型与特点 ... 4
1.3.1 以载体材料、存储技术和传递方式划分 ... 4
1.3.2 以撰写的目的和文体划分 ... 5
1.3.3 以加工的深度划分 ... 7
1.4 电子信息资源的发展、类型与特点 ... 8
1.4.1 电子信息资源的发展 ... 8
1.4.2 电子信息资源的类型与特点 ... 8
1.5 文献信息资源与现代科技、经济的发展 ... 10
1.5.1 文献信息资源与现代科技的发展 ... 10
1.5.2 文献信息资源与现代经济的发展 ... 12

第2章 信息检索原理及检索技术 ... 13
2.1 信息检索概述 ... 13
2.1.1 信息检索的含义与实质 ... 13
2.1.2 信息检索的重要意义与作用 ... 13
2.1.3 信息检索的类型与特点 ... 14
2.2 信息检索原理 ... 15
2.2.1 信息检索效率 ... 15
2.2.2 信息检索系统 ... 16
2.2.3 信息检索语言 ... 18
2.3 信息检索方法 ... 22
2.3.1 信息需求分析 ... 22
2.3.2 制定检索策略 ... 23
2.3.3 实施检索策略和获取原始信息 ... 24
2.4 信息检索技术及其应用 ... 25
2.4.1 布尔检索 ... 25

2.4.2 词位检索 ··· 27
2.4.3 截词检索 ··· 27
2.4.4 字段限制检索 ··· 28
2.4.5 信息检索方法及检索技术应用实例 ································ 28

第 3 章 国内网络数据库信息的检索 ··· 30
3.1 CNKI ··· 30
3.1.1 概述 ·· 30
3.1.2 《中国学术期刊(网络版)》 ··· 31
3.2 维普资讯 ··· 36
3.2.1 概述 ·· 36
3.2.2 中文期刊服务平台 ·· 36
3.3 万方数据知识服务平台 ·· 41
3.3.1 概述 ·· 41
3.3.2 检索方式及检索方法 ··· 41
3.3.3 检索实例 ·· 41

第 4 章 国外网络数据库信息的检索(综合-文摘型) ···························· 44
4.1 Ei Village ·· 44
4.1.1 概述 ·· 44
4.1.2 检索方式及检索方法 ··· 44
4.1.3 检索实例 ·· 47
4.2 Web of Science ··· 50
4.2.1 概述 ·· 50
4.2.2 跨库检索 ·· 52
4.2.3 Web of Science 核心合集 ··· 53
4.2.4 DII ·· 58
4.2.5 JCR ··· 61

第 5 章 国外网络数据库信息的检索(专业-文摘型) ···························· 66
5.1 SciFinder ·· 66
5.1.1 概述 ·· 66
5.1.2 检索技术 ·· 67
5.1.3 检索方式及检索方法 ··· 68
5.1.4 检索实例 ·· 71
5.2 Ovid ·· 76
5.2.1 概述 ·· 76
5.2.2 检索方式及检索方法 ··· 77
5.2.3 检索实例 ·· 80

第 6 章 国外网络数据库信息的检索(综合-全文型) ···························· 82
6.1 ScienceDirect ·· 82

  6.1.1 概述 ·· 82
  6.1.2 检索方式及检索方法 ·· 82
  6.1.3 检索实例 ·· 83
 6.2 ProQuest Dissertations and Theses Full-text Search Platform ······················· 85
  6.2.1 概述 ·· 85
  6.2.2 检索方式及检索方法 ·· 86
  6.2.3 检索实例 ·· 87
 6.3 ACS Publications ··· 89
  6.3.1 概述 ·· 89
  6.3.2 检索方式及检索方法 ·· 90
  6.3.3 检索实例 ·· 91
 6.4 IEEE/IET Electronics Library ··· 94
  6.4.1 概述 ·· 94
  6.4.2 检索方式与检索方法 ·· 94
  6.4.3 检索实例 ·· 95
 6.5 其他全文数据库选介 ··· 97

第 7 章 专利及专利信息的检索 ·· 100
 7.1 专利及专利信息概述 ··· 100
  7.1.1 知识产权与专利权 ·· 100
  7.1.2 专利的种类 ·· 101
  7.1.3 专利的申请、审查和授权 ·· 102
  7.1.4 专利信息的类型和特点 ·· 104
  7.1.5 专利分类表 ·· 105
 7.2 中国专利信息及其检索 ··· 106
  7.2.1 概述 ·· 106
  7.2.2 国家知识产权局专利检索及分析系统 ·· 107
 7.3 美国专利信息及其检索 ··· 111
  7.3.1 概述 ·· 111
  7.3.2 美国专利与商标局专利数据库 ·· 112
 7.4 欧洲专利信息及其检索 ··· 115
  7.4.1 概述 ·· 115
  7.4.2 欧洲专利数据库 ·· 116

第 8 章 电子图书的检索 ·· 120
 8.1 概述 ·· 120
  8.1.1 电子图书的构成及特点 ·· 120
  8.1.2 电子图书的类型 ·· 120
 8.2 汇雅电子图书平台 ··· 120
  8.2.1 检索方式及检索方法 ·· 121

科技信息检索

- 8.2.2 图书的阅读和下载 …… 122
- 8.2.3 检索实例 …… 122
- 8.3 读秀学术搜索 …… 125
  - 8.3.1 系统功能及检索方式 …… 125
  - 8.3.2 检索实例 …… 126
- 8.4 中华数字书苑 …… 131
  - 8.4.1 检索方式及检索方法 …… 132
  - 8.4.2 检索实例 …… 132
- 8.5 寻知学术文献数据检索平台 …… 134
  - 8.5.1 检索方式及检索方法 …… 134
  - 8.5.2 检索实例 …… 135

第9章 开放获取学术资源的检索 …… 138
- 9.1 开放获取学术资源概述 …… 138
  - 9.1.1 开放获取的含义 …… 138
  - 9.1.2 开放获取学术资源的特点与类型 …… 138
- 9.2 开放获取期刊数据库 …… 139
  - 9.2.1 Socolar …… 139
  - 9.2.2 DOAJ …… 142
  - 9.2.3 EconPapers …… 144
- 9.3 电子印本系统 …… 146
  - 9.3.1 arXiv.org 与 viXra.org …… 146
  - 9.3.2 中国科技论文在线 …… 149

第10章 信息资源的分析与利用 …… 153
- 10.1 信息资源的收集、整理与分析 …… 153
  - 10.1.1 信息资源的收集原则与整理方法 …… 153
  - 10.1.2 信息资源的分析方法 …… 154
- 10.2 信息资源的利用与再生 …… 155
  - 10.2.1 信息资源的利用 …… 155
  - 10.2.2 信息资源的再生 …… 156
- 10.3 信息研究报告撰写示例 …… 159

参考文献 …… 163

第 1 章 信 息 概 论

引言

1.1 信息、知识、文献

1.1.1 信息

信息是用文字、数据或信号等形式，通过一定的传递和处理来表现各种相互联系的客观事物在运动变化中所具有的特征内容的总称。因而可以这样认为，信息是事物存在的方式、形态和运动规律的表征，是事物具有的一种普遍属性，它与事物同在，存在于整个自然界和人类社会。

1. 信息的属性

信息所具有的基本属性可归结为以下四方面。

(1) 普遍性和客观性。世间一切事物都在运动中，都具有一定的运动状态和状态方式的改变，因而一切事物随时都在产生信息，即信息的产生源于事物，是事物的普遍属性，是客观存在的，它可以被感知、被处理和存储、被传递和利用。

(2) 相对性和特殊性。世间一切不同的事物都具有不同的运动状态和方式，并以不同的特征展现出来，因而不同的事物给人们带来不同的信息。

(3) 实质性和传递性。事物在运动过程中和形态改变上所展现出的表征，是事物属性的再现，被人们认知后，就构成了信息的实质内容，并依附于一定的载体传递后，才能被接受和运用。

(4) 媒介性和共享性。信息源于事物，但不是事物本身，是人们用来认识事物的媒介，信息能够共享是信息不同于物质和能源的最主要特征，即同一内容的信息在同一时间、同一地域可以被两个及以上的用户分享，其分享的信息量不会因分享用户的数量而受影响，原有的信息量也不会因此损失或减少。

2. 信息的类型与载体

(1) 信息的类型可从不同的角度划分。按形成的领域可分为自然信息和社会信息；按存在的状态可分为瞬时信息和保留信息；按表现的形式可分为文字信息、图像信息、语音信息等。

(2) 载体是信息得以保存的物质实体。信息本身不是实体，必须借助于一定的载体才能表现、传递和利用。从古代的甲骨、金石、锦帛、竹简到现今的纸张、感光材料、磁性材料，信息载体和存储技术已发生数次质的飞跃，为人类存储、检索和利用信息提供了极大的方便。

在人类步入信息社会的时代，信息同物质、能源构成人类社会的三大资源。物质提供材料，能源提供动力，信息提供知识与智慧。因而，信息已成为促进科技、经济和社会发展的新型资源，它不仅有助于人们不断地揭示客观世界，深化人们对客观世界的科学认识，消除人们在认识上的某种不定性，而且源源不断地向人类提供生产知识的原料。

1.1.2 知识

与信息密切相关的另一概念是知识。知识是人类在认识和改造世界的社会实践中获得的对事物本质认识的成果和结晶。人类通过有目的、有区别、有选择地利用信息，对自然界、人类社会及思维方式与运动规律进行认识、分析、掌握，并通过人的大脑进行思维整合使信息系统化而构成知识，因此，知识仅存在于人类社会。

1. 知识的属性

(1)意识性。知识是一种观念形态，只有通过人类的大脑才能认识它、产生它、利用它。

(2)信息性。信息是生产知识的原料，知识是经人类认识、理解并经思维重新整合后的系统化信息，知识是信息的一部分。

(3)实践性。实践是产生知识的基础，也是检验知识的标准，知识又对实践具有重大的指导作用。

(4)规律性。人们在实践中对事物的认识是一个无限的过程，人们在这种无限过程中所获得的知识从一定的层面上揭示了事物及其运动过程的规律性。

(5)继承性。每一次新知识的产生，既是原有知识的继承、利用、深化与发展，又是下一次知识更新的基础和前提。

(6)渗透性。随着人类认识世界的不断深化，各种门类的知识可以相互渗透，构成知识的网状结构。

2. 知识的类型

根据经济合作与发展组织(OECD)在《以知识为基础的经济》报告中的定义，人类现有的知识可分为四大类。

(1) Know what(知道是什么)——关于事实方面的知识。
(2) Know why(知道为什么)——关于自然原理和规律方面的知识。
(3) Know how(知道怎么做)——关于技能或能力方面的知识。
(4) Know who(知道谁有知识)——关于谁知道某事物或事实方面的知识。

1.1.3 文献

1. 文献的构成要素

文献是记录知识的一切载体，即知识信息必须通过文献载体进行存储和传递。构成文献的三个最基本要素如下：

(1)构成文献内核的知识信息。
(2)负载知识信息的物质载体。

(3) 记录知识信息的符号和技术。

2. 文献的基本属性

(1) 知识性。知识性是文献的本质，离开知识信息，文献便不复存在。

(2) 传递性。文献能帮助人们克服时间与空间上的障碍，在时空中传递人类已有的知识，使人类的知识得以流传和发展。

(3) 动态性。文献并非处于静止状态，其载体形式和蕴含的知识信息将随着人类社会与科技的发展而不断有规律地运动和变换着。

综上所述，信息、知识、文献三者的关系可归结为：信息是生产知识的原料，知识是被人类系统化后的信息，文献是存储、传递知识信息的载体。

1.2 信息资源及其类型

1.2.1 信息资源概述

1. 信息资源的含义与特点

信息资源是信息与资源两个概念整合而衍生出的新概念。如前所述，信息是事物的一种普遍属性，结合资源概念来考察信息资源，可以这样描述信息资源：信息并非都能成为资源，只有经人类开发与重新组织后的信息才能成为信息资源，即信息资源是信息世界中对人类有价值的那一部分信息，是附加了人类劳动的、可供人类利用的信息。因此，构成信息资源的基本要素是信息、人、符号、载体。信息是组成信息资源的原料，人是信息资源的生产者和利用者，符号是生产信息资源的媒介和手段，载体是存储和利用信息资源的物质形式。与其他资源相比，信息资源具有可再生性和可共享性的特点。可再生性是指它不同于物质、能源等消耗性资源，开发利用至一定程度就会枯竭，它可以反复利用而不失去其价值，对它的开发利用越深入，它不仅不会枯竭，反而会越丰富和充实。可共享性是指它能为全人类所分享而不失去其信息量。

2. 信息资源的使用价值

构成信息资源使用价值的主要因素有两个：一是真实度。科学研究的客观性和科学实验的可再现性是信息资源真实度的体现。形象地说，信息资源的真实度如同矿产资源的品位，品位越高，其真实度就越高，因而越能减少信息利用者的不确定性，使用价值就越高。二是时效性。信息资源的时效性主要体现在其滞后性和超前性上。由于事物皆处于运动之中，反映事物运动状态和方式的信息也在不断变化，以信息为源头的信息资源也或多或少地具有滞后性。信息资源的滞后性体现了认识总是落后于客观存在，如果不能及时地使用最新信息，信息就会随其滞后使用的时差而贬值。信息资源的超前性体现为在把握客观事物规律的前提下，能够对可能发生的事物进行预测。因此，对具有继承性和创造性两重性的科学研究，信息资源可以帮助研究人员在科学研究活动中选择正确的研究方向或技术路线，避免重复劳动。

1.2.2 信息资源的类型

1. 以开发的程度为依据，可分为潜在信息资源和现实信息资源

潜在信息资源是指人类在认识和思维创造的过程中，存储在大脑中的信息，只能为本人所利用，无法为他人直接利用，是一种有限再生的信息资源。现实信息资源是指潜在人脑中的信息通过特定的符号和载体表述后，可以在特定的社会条件下广泛地传递并连续往复地为人类所利用，是一种无限再生的信息资源。

2. 以表述的方式和载体为依据，可分为口语信息资源、体语信息资源、实物信息资源和文献信息资源

口语信息资源是人类以口头方式表述但未被记录的信息资源，通常以讲演、授课、讨论等方式交流与利用。体语信息资源是人类在特定的文化背景下，以表情、手势、姿态等方式表述的信息资源，通常以表演、舞蹈等方式表现与交流。实物信息资源是人类通过创造性劳动以实物形式表述的信息资源，通常以样品、模型、雕塑等实物进行展示与交流。文献信息资源是人类用文字、数据、图像、声频、视频等方式记录在一定载体上的信息资源。只要这些载体不被损坏或消失，文献信息资源就可以跨越时空无限循环地为人类所利用，还可以按人类的需求整理成具有优化结构的文献信息资源体系，为此，文献信息资源的检索是本书研究的主体。

1.3 文献信息资源的类型与特点

1.3.1 以载体材料、存储技术和传递方式划分

1. 印刷型

以纸质材料为载体，采用各种印刷术把文字或图像记录并存储在纸张上。它既是文献信息资源的传统形式，也是现代文献信息资源的主要形式之一。主要特点是便于阅读和流通，但因载体材料所存储的信息密度低，占据空间大，难以实现加工利用的自动化。

2. 缩微型

以感光材料为载体，采用光学缩微技术将文字或图像记录并存储在感光材料上，有缩微平片、缩微胶卷和缩微卡片之分。主要特点有存储密度高（存储量高达 22.5 万页的全息缩微平片已问世），体积小，重量轻（仅为印刷型的 1/100），便于收藏；生产迅速，成本低廉（只有印刷型的 1/15～1/10）；须借助缩微阅读机才能阅读，设备投资较大。现在可以通过计算机缩微输入机（CIM）把缩微品上的信息转换成数字信息存储在计算机中，使缩微品转换为磁带备用，也可以通过计算机缩微输出机（COM）把来自计算机中的信息转换成光信号，摄录在缩微平片或缩微胶卷上，摄录速度可达 12 万字符每秒，大大缩短了缩微型信息资源的制作周期。

3. 声像型

以磁性和光学材料为载体，采用磁录技术和光录技术将声音与图像记录并存储在磁性或光学材料上，主要包括唱片、录音录像带、电影胶卷、幻灯片等。主要特点是存储信息密度高，用有声语言和图像传递信息，内容直观，表达力强，易被接受和理解，但须借助于一定的设备才能阅读。

4. 电子型

按其载体材料、存储技术和传递方式，主要有联机型、光盘型和网络型之分。联机型以磁性材料为载体，采用计算机技术和磁性存储技术，把文字或图像信息记录在磁带、磁盘、磁鼓等载体上，使用计算机及其通信网络，通过程序控制将存入的有关信息读取出来。光盘型以特殊光敏材料制成的光盘为载体，将文字、声音、图像等信息刻录在光盘盘面上，使用计算机和光盘驱动器，将有关的信息读取出来。网络型利用因特网中的各种网络数据库读取有关信息。电子型信息资源具有存储信息密度高，读取速度快；易于网络化；高速度、远距离传输信息；使人类知识信息的共享能得到最大限度实现的特点，在文献信息资源的各种载体中已逐步占有主导地位。

1.3.2 以撰写的目的和文体划分

文献信息资源以撰写的目的和文体划分，主要可分为著作、学术论文、专利说明书、科技报告、技术标准、技术档案、产品资料等。其中信息含量大、学术价值高和使用频率较高的为前五种。

1. 著作

著作是作者或编著者在大量收集、整理信息的基础上，对所研究的成果或生产技术经验进行全面归纳、总结、深化的成果。内容上具有全面、系统、理论性强、技术成熟可靠的特点，一般以图书的形式出版发行。根据其撰写的专深程度、使用对象和目的，著作主要分为下列几类。

(1) 科学著作，是反映某一学科或专题研究的各类学术性成果，对其中所涉及的问题及现象研究有一定的深度，创造性突出。主要包括科学家撰写的专著和著作集，科研机构、学会编辑出版的论文集等，可供高水平的研究人员使用。

(2) 教科书，是专供学习某一学科或专业的基本知识的教学用著作。以教学大纲要求和学生的知识水平为编写准则，着重对基本原理和已知事实进行系统的归纳，具有内容全面系统，定义表达准确，叙述由浅入深、循序渐进的独到之处，能给予学习者新的体会和领悟，便于自学。

(3) 技术书，是供各级各类工程技术人员参考的技术类著作。系统阐述各种设备的设计原理与结构，生产方法与工艺条件、工艺过程，操作与维修经验等方面的知识，对指导生产实际操作有重要的参考价值。

(4) 参考工具书，是供查考和检索有关知识或信息的工具性著作。广泛汇释比较成熟的知识信息，按一定的规则组织编写而成。主要向使用者提供可参考的知识信息，如事实、数据、定义、观点、结论、公式、人物等。各种百科全书、年鉴、手册、大全、名录、字典、词典等是参考工具书的主要代表。其特点是：①知识信息准确可靠，提供的知识多由高水平的专家审定或编撰；②所提供的知识信息既广采博收，又分析归纳，论述简要不繁；③知识信息组织科学，易查易检。参考工具书特有的功能是：①查名词术语定义；②查事实事项；③查机构、人物；④查产品；⑤查数据；⑥查物名；⑦查图谱、表谱等。

若要对某学科或某专题获得较全面、系统的知识，或对不熟悉的问题获得基本的了解，选择著作是行之有效的方法。

2. 学术论文

学术论文特指作者为发布其学术观点或研究成果而撰写的论述性文章。论文内容一般是某一学术课题在理论性、实践性或预测性上新的研究成果或创新见解，或是某种已知原理应用于实践中取得新进展的科学总结，向使用者提供有所发现、有所发明、有所创造的知识信息。学术论文具有信息新颖、论述专深、学术性强的特点，是人们交流学术思想的主要媒介，也是开展科学研究参考的主要信息源之一，一般以期刊的形式刊载发表。学术论文按撰写的目的可分为以论述科学研究理论信息为主的科学论文、以论述科学技术信息为主的技术论文、以某一特定研究主题作专门论述的专题论文、以为申请授予相应学位而撰写的学位论文等。若要了解某学科或某专题的研究现状与成果、发展动态与趋势，选择学术论文进行分析研究，可达到事半功倍的效果。

3. 专利说明书

专利说明书特指专利申请人向专利主管部门呈交的有关发明创造的详细技术说明书，是具有知识产权特性的信息资源，主要包括经实审批准授权的专利说明书和未经实审的专利申请公开说明书，一般由专利主管部门出版发行。专利说明书涉及的技术内容广博、新颖、具体，从高深的国防尖端技术到普通的工程技术以及日常生活用品，具有融技术信息、经济信息、法律信息为一体的特点。根据世界知识产权组织(WIPO)统计，全世界每年发明创造成果信息的 90%～95%都能在专利说明书中查到，并且许多发明创造只通过专利说明书公开。因此，在应用技术研究中经常参阅和利用专利说明书，可以缩短60%的研究时间，节省40%的开发费用，是了解并掌握世界发明创造和新技术发展趋势，制定科技发展规划，实施技术改造的最佳信息资源。

4. 科技报告

科技报告是描述一项研究进展或取得的成果，或一项技术研制试验和评价结果的一种文体。它反映了新兴学科和尖端学科的研究成果，能代表一个国家的科学技术水平，各国都很重视。在世界的科技报告中，以美国的四大报告最为著名，即 AD 报告(军用工程)、PB 报告(民用工程)、DOE(能源工程)、NASA(航空航天工程)。科技报告具有信息新颖、叙述详尽、保密性强、有固定的机构名称和较严格的陈述形式的特点。按研究阶段可分为进展报告和最终报告。每份报告单独成册，是获取最新技术研究成果信息的重要信息资源。

5. 技术标准

技术标准是对产品和工程建设各个方面所作的技术规定，是进行科研和生产的共同依据，有单行本和汇编本(图书形式)两种出版发行方式。技术标准具有计划性、协调性、法律约束性的特点，它可促使产品规格化、系列化和通用化，对提高生产水平和产品质量、节约原材料、推广应用研究成果、促进科技发展等有着十分重要的作用。根据使用的范围，可分为国际标准、区域标准、国家标准和企业标准。按内容，可分为基础标准、产品标准、工艺及工艺装备标准和方法标准等。因此，它可作为了解各国的技术政策、经济政策、生产水平和标准化水平的参考，也可为组织生产活动和制定出口策略提供依据。

1.3.3 以加工的深度划分

1. 零次文献信息资源

零次文献信息资源是指未以公开形式进入社会流通使用的实验记录、会议记录、内部档案、论文草稿、设计草稿等，具有信息内容新颖，不成熟、不定型的特点，因不公开交流而难以获得。

2. 一次文献信息资源

一次文献信息资源是指以作者本人的研究工作或研制成果为依据撰写，已公开发行进入社会流通使用的专著、学术论文、专利说明书、科技报告等。因此，一次文献信息资源包含新观点、新发明、新技术、新成果，提供新的知识信息，是创造性劳动的结晶，具有创造性的特点，有直接参考、借鉴和使用的价值，是检索和利用的主要对象。

3. 二次文献信息资源

二次文献信息资源是对一次文献信息资源进行整理、加工的产品，即将大量、分散、无序的一次文献信息资源收集起来，按照一定的方法进行整理、加工，使之系统化而形成的各种目录、索引和文摘，或各种书目型数据库。因此，二次文献信息资源仅对一次文献信息资源进行系统化和压缩，无新的知识信息产生，具有汇集性、检索性的特点。它的重要性在于提供了一次文献信息资源的线索，是打开一次文献信息资源知识宝库的钥匙，可节省查找知识信息的时间。

4. 三次文献信息资源

三次文献信息资源是根据一定的目的和需求，在大量利用一次、二次文献信息资源的基础上，对有关知识信息进行综合、分析、提炼、重组而生成的再生信息资源。各种教科书、技术书、参考工具书、综述等都属于三次文献信息资源的范畴。三次文献信息资源具有综合性高、针对性强、系统性好、知识信息面广的特点，有较高的实际使用价值，能直接参考、借鉴和利用。

5. 高次文献信息资源

高次文献信息资源是在对大量一次、二次、三次文献信息资源中的知识信息进行综合、分析、提炼、重组的基础上，加入作者本人的知识和智慧，使原有的知识信息增值，生成比原有知识品位更高的知识信息新产品，如专题述评、可行性分析论证报告、信息分析研究报告等，具有参考性强、实用价值高的特点。

综上所述，从零次文献信息资源到一次、二次、三次、高次文献信息资源，是一个从不成熟到成熟，由分散到集中，由无序到有序，由博而略，由略而深，对知识信息进行不同层次加工的过程。每一过程所含知识信息的质和量都不同，对利用知识信息所起的作用也不同。零次文献信息资源是最原始的信息资源，虽未公开交流，但它是生成一次文献信息资源的主要素材。一次文献信息资源是最主要的信息资源，是检索和利用的主要对象。二次文献信息资源是一次文献信息资源的集中提炼和有序化，是检索文献信息资源的工具。三次文献信息资源是将一次、二次文献信息资源，按知识门类或专题重新组合、高度浓缩而成的知识产品，是查考数据信息和事实信息的主要信息资源。高次文献信息资源是对已知知识信息进行整理、分析与评价的成果，可为研究选题、可行性技术论证、发展前景预测等提供参考、借鉴。

1.4　电子信息资源的发展、类型与特点

1.4.1　电子信息资源的发展

电子信息资源是以电子数据的形式，把文字、声音、图像等形式的信息存储在光、磁等介质上，以电信号、光信号的形式传输，并通过计算机和其他外部设备再现出来的一种新型信息资源，因此，电子信息资源实质上是一类机读型信息资源。电子信息资源始于20世纪60年代初美国国家医学图书馆(NLM)设计的第一个大型的批式检索数据库——MEDLARS。20世纪70年代以来，公用通信网络与计算机技术、数据库技术相结合的国际联机检索系统进入实用阶段，实现了电子信息资源的远距离传输，使知识信息在世界范围得到广泛的传播和高度的共享。利用国际联机检索系统得到的电子信息资源具有实时、快速和参考及实用价值较高的优点，但联机费用昂贵，一般信息用户难以承受。20世纪70年代发展起来的光盘存储技术具有信息存储密度高、容量大、成本低等优点，将光盘作为信息存储载体的光盘数据库降低了电子信息资源的利用成本，得到广泛的应用。1993年，美国率先提出国家信息基础设施(NII)建设计划，兴建以因特网为雏形的"信息高速公路"。因特网是一个国际性的计算机网络，拥有不同领域、不同学科、不同性质和不同种类的信息资源，人们既可共享网上资源，又可将自己的信息发送到网上。因特网网络资源已成为人类进行科学研究、发布信息、展示自己的一个共享空间。

1.4.2　电子信息资源的类型与特点

从信息检索的角度，电子信息资源主要是指通过计算机等设备以数字信号传递的数字

信息资源。电子信息资源按不同的划分标准，可分为下列几类。

1. 按信息的载体和通信方式分类

(1) 联机信息资源。由计算机联机信息服务系统提供的信息资源，如著名的 Dialog、STN 和 ORBIT 系统，为全世界用户提供了丰富的电子信息资源。用户使用检索终端设备，通过通信设施(如通信网、调制解调器、自动呼叫器、通信控制器等)，直接与中央计算机相连，检索远程数据库中的信息资源。在检索过程中采用人-机对话式，可随机或脱机浏览、传递所得信息，并可根据需求随机修改检索策略，具有实时、快速、信息追溯年代长、查准率高的特点，但检索费用较昂贵。

(2) 光盘信息资源。光盘信息资源主要包括各种信息数据库，有单机版可进行单机检索，有网络版可在网上进行检索，还可以与联机检索系统联网进行联机检索。光盘信息资源的检索过程与联机检索极为相似，主要不同之处是信息追溯年代不如联机检索年代长，但检索费用大大低于联机检索费用，在通信不发达的地区，利用单机版光盘信息资源是一种获取信息的有效途径。

(3) 网络数据库信息资源。数据库是在计算机存储设备上按一定方式，合理组织并存储的相互有关联的数据的集合，通过网络进行检索，是计算机技术、网络通信技术和信息检索技术相结合的产物，是电子信息资源的主体，是信息检索系统的核心部分之一，是本书研究的主要对象。

(4) 因特网网络信息资源。因特网是通过标准通信方式(TCP/IP)将世界各地的计算机和计算机网络互联而构成的一个结构松散、交互式的巨型网络。它是世界上最大的信息资源库，其中大部分资源是免费的，与前三类信息资源相比，具有信息更新速度快、随时都在刷新的特点，用户得到的信息总是新的。此外，因特网中的万维网(WWW)信息系统(又称 Web 信息系统)，采用客户机/服务器的模式，以超文本的方式链接分散在因特网上 WWW 服务器中的信息。用户通过 WWW 浏览器可以方便地访问网上遍布世界各地的 WWW 服务器中的信息。WWW 信息服务的特点是在网上进行多媒体信息的收集、分类、存放、发布和交流，并向网上的用户提供信息检索及其他交互式服务，它与传统的网络信息服务的区别如下。从提供信息的形式上看，WWW 服务器上提供的是多媒体信息，在页面设计上具有结构合理、可读性强、用户界面友好程度高等优点，而传统网络信息服务提供的信息是单一的。从信息内容上看，WWW 服务器上提供的信息是包罗万象的，而传统网络信息服务提供的信息大部分是行业性的。从提供信息服务的情况看，WWW 服务器上提供的信息更具有及时性，入网费用也低于传统的网络信息服务，在网页上展现的各种链接可随时让用户获得更多的相关信息。

2. 按信息的表现形式分类

(1) 文本信息资源。一般的文本信息资源按知识单元的线性顺序排列，具有较大的局限性和片面性。

(2) 超文本信息资源。超文本信息资源是按知识单元及相互关系建立的知识结构网络。它通过网络上各节点的链路把相关信息有机地结合在一起。检索超文本信息资源时，可从任何一个节点开始,以知识片段及其关系作为检索、追踪的依据。

(3) 多媒体信息资源。多媒体信息资源是文本、图像和声音等各种信息表达的总称,使人们获得的信息不仅同时具有图、文、声,而且丰富多彩。

(4) 超媒体信息资源。超媒体信息资源是超文本和多媒体技术的结合,具有超文本和多媒体两种信息资源的特点,具有高度的交互性。在超媒体信息系统中,不同类型的媒体信息能高度综合和集成,空间上图、文、声并茂,时间上媒体信息同步实现。

3. 电子信息资源的特点

(1) 以磁性介质和光介质作为信息存储载体,以现代信息技术作为记录手段,信息以数字化的形式存在,既可在计算机内高速处理,又可借助于通信网络进行远距离传送,使全球资源共享得以实现。

(2) 信息表现形式为文本、超文本、多媒体和超媒体,使信息的组织方式发生了质的变化,即知识信息单元由线性排列转化为可按照自身的逻辑关系组成直接的、相互联系的、非线性的网状结构,便于检索与利用,提高了信息资源的利用价值。

1.5 文献信息资源与现代科技、经济的发展

1.5.1 文献信息资源与现代科技的发展

当今世界,科学技术突飞猛进,给世界生产力和人类经济的发展带来了极大的推动力。现代科技发展的主要特点是高速化和综合化。科技发展高速化的明显特征是科技成果增长迅速,据不完全统计,20 世纪前 50 年的科技成果远远超过 19 世纪。进入 20 世纪 60 年代,科技的新发明、新发现比过去 2000 年的总和还要多。仅在宇航技术领域,就出现了 12000 余种过去不曾有过的新技术与新产品。随着科技成果转化为直接生产力的速度加快,新技术、新产品从研究到实际应用的周期日趋缩短。与此同时,新技术、新产品的更新速度也越来越快。科技发展综合化首先体现在综合学科、边缘学科和交叉学科大量出现,如信息技术、生物技术、新材料技术等。这些学科的产生和发展不仅填补了传统学科之间的空白,还加强了传统学科之间的联系,将现代科技紧密地连接成一个有机整体。其次体现在自然科学与社会科学之间的相互汇流。现代社会提出的重大课题中,往往有一些既包含自然科学,又包含社会科学知识的综合性课题,只有依靠二者的通力协作才有可能完成。例如,国家发展的战略与策略、国力的综合利用等,不是仅由社会科学知识或自然科学知识就能囊括和解决的。文献信息资源从客观上记载了科学研究升华后的技术与成果和失败的教训,利用文献信息资源是进行科学研究和技术开发必不可少的前期工作,是提高科学研究和技术发展效率的重要方法与手段。通过文献信息资源,人们才会考察科技的过去和现在的状态、特征以及发展趋势,了解前人和当代人做了些什么,现在应该怎么做。文献信息资源与现代科技发展的关系主要体现在以下几方面。

1. 信息量急剧增长

随着科技成果的迅速增长，全世界的信息量正以前所未有的速度增长。信息量的增长可用文献的增长来表述。据不完全统计，全世界每年出版图书 80 万种以上，发表科技论文约 600 万篇，发行科技报告约 70 万件，公布专利说明书约 100 万件。不同学科间信息量增长速度也不相同。科技文献比哲学、社会科学文献增长的速度快，前者又以化学化工文献增长为最快。化学化工信息的数量和递增速度在科技领域的各门学科中始终占领先地位，其增长速度可从美国《化学文摘》(CA)每 10 年收录的信息条数说明，见表 1-5-1。信息量急剧增长的速度可以用因特网上数以千万计的网站来表述。

表 1-5-1　CA 每 10 年收录信息条数

年份	收录条数	年份	收录条数
1907	7975	1967	243982
1917	15601	1977	409841
1927	32909	1987	477177
1937	63038	1997	716564
1947	38386	2007	1086941
1957	101027		

2. 文献信息的使用寿命缩短

现代科技发展日新月异，每时每刻都有新的发明和创造，文献信息也随之出现新陈代谢加快、老化加剧、使用寿命缩短的趋势。文献学家贝尔(J.Bernal)、保尔登(R.Barton)和凯布勒(R.Kebler)先后提出了文献老化的半生期(half-live)。用半生期的概念来解释某学科文献信息的老化速度及使用寿命，即某学科现在利用的全部文献中的一半，是在多长时间内发表的。例如，化学文献的半生期为 8.1 年，就是指现在利用的化学信息的 50%，其出版年限不超过 8.1 年。文献的半生期越短，说明其知识信息的老化速度越快，使用寿命就越短。文献的老化速度与学科文献信息量的增长有关。有关学科文献的半生期见表 1-5-2。

表 1-5-2　有关学科文献的半生期

学科名称	半生期/年	学科名称	半生期/年
生物医学	3	化学	8.1
冶金学	3.9	植物学	10
物理学	4.6	数学	10.5
化工	4.8	地质学	11.8
机械制造	5.2	地理学	16

3. 文献信息载体的多样化和信息传播、检索的多途径化

计算机技术和现代信息存储技术的应用，使文献信息的载体从传统的纸媒介向光学、磁性媒介发展，文献信息的缩微化、电子化已成为主要的发展趋势。尤其是始于 20 世纪 70 年代的电子信息资源，已形成单机版和网络版两大系列。电子单机版主要以磁盘、光盘（CD-ROM）、集成电路卡等为载体，其中光盘以海量存储器著称，配以多媒体技术，发展尤为迅速。电子网络版以数据库和电信网络为基础，以计算机的硬盘为载体。电子文献容量大、体积小，能存储图、文、音、像信息，可共享性高，检索速度快，易于复制和保存，具有很大的发展前景。计算机技术、电子技术、远程通信技术、光盘技术、视听技术、网络技术等，构成了信息的现代传播技术。联机检索、交互式图文检索、电子原文传递等现代化信息传播方式已进入实用阶段。信息检索已发展到网络化阶段，国内外著名的索引、文摘检索系统已有了网络版，人们可以利用因特网，多途径、多选择、多层次地检索所需求的信息。

1.5.2 文献信息资源与现代经济的发展

人类社会对文献信息资源与现代经济发展关系的探索和研究始于 20 世纪 60 年代。文献信息资源是重要的资源已得到国际社会的公认，并作为"信息是现代经济发展的保证"这一论断的理论和实践的依据。20 世纪后期，工业发达国家已由物质投入转为知识信息的投入，即由工业经济向知识经济过渡。人类社会经济发展的规律可表述为：原始经济→农业经济→工业经济→知识经济。20 世纪 90 年代初，经济合作与发展组织在《以知识为基础的经济》报告中定义：知识经济是建立在以知识和信息的生产、分配和使用之上的经济。

经济发展的规律

知识经济以知识为基础，人力资本和技术是知识经济的主要推动力，高技术产品和服务部门是知识经济的支柱，强大的科学系统是知识经济的坚强后盾。在这种新型的经济中，知识劳动力是最重要的因素，知识的生产、学习与创新将成为人类最重要的活动。知识经济的主要特征如下：

(1) 科技、知识和信息相互融合。科技是第一生产力，蕴含知识信息的文献信息资源成为提高生产率和实现经济持续增长的最重要的直接资源。

(2) 经济结构不断软化。知识和信息在生产中的投入越来越多。

(3) 产品制造模式转向知识密集型。产品的知识含量普遍提高，如专利、商标、版权等知识产品不断增多。

(4) 不断学习知识和更新知识变得越来越重要。需要建立具有获取、运用并能创新知识的现代人才教育体系。

第 2 章 信息检索原理及检索技术

2.1 信息检索概述

2.1.1 信息检索的含义与实质

信息检索通常是指从以任何方式组成的信息集合中，查找特定用户在特定时间和条件下所需信息的方法与过程，完整的信息检索含义还包括信息的存储。因此，信息检索的全过程应包括以下两个主要的方面。

(1) 信息标引和存储过程。对大量无序的信息资源进行标引处理，使之有序化，并按科学的方法存储，组成检索工具或检索文档，即检索系统的组织过程。

(2) 信息的需求分析和检索过程。分析用户的信息需求，利用已组织好的检索系统，按照系统提供的方法与途径检索有关信息，即检索系统的应用过程。

因此，信息检索的实质是将描述特定用户所需信息的提问特征，与信息存储的检索标识进行大小、异同的比较，从中找出与提问特征一致或基本一致的信息。提问特征是对信息的需求进行分析，从中选择出的能代表信息需求的主题词、分类号或其他符号。例如，要查找关于"硅藻土在塑料工业中的应用"方面的信息，根据信息需求的范围和深度，可选"硅藻土"和"塑料"为第一层面的提问特征，"硅藻土"和"通用塑料、工程塑料、特种塑料"为第二层面的提问特征，"硅藻土"和"聚氯乙烯、聚乙烯、聚丙烯、聚酰胺、聚酰亚胺、聚酯、玻璃钢"等塑料品种名称为第三层面的提问特征。检索标识是信息存储时，对信息内容进行分析提出的能代表信息内容实质的主题词、分类号或其他符号。例如，在分析、标引、存储有关"硅藻土在塑料工业中的应用"方面的信息时，可选择"硅藻土"和"塑料"或"聚烯烃、聚酰胺、聚酯"等作为存储和检索的标识。检索时，将提问特征同检索标识进行对比匹配，若达到一致或部分一致，则为所需信息。

2.1.2 信息检索的重要意义与作用

信息检索的重要意义和作用主要体现在以下两方面。

1. 充分利用信息资源，避免重复劳动

科学研究具有继承和创造两重性，科学研究的两重性要求科研人员在探索未知或从事研究工作之前，应该尽可能地占有与之相关的信息，即利用信息检索的方法，充分了解国内、国外，前人和他人对拟探索或研究的问题已做过的工作、取得的成就、发展动向等。这样才能做到心中有数，防止重复研究，将有限的时间和精力用于创造性的研究中。因此，信息检索是科学研究必不可少的前期工作。

2. 为人们更新知识，实现终生学习提供途径

在当代社会，人们需要终生学习，不断更新知识，才能适应社会发展的需求。美国工程教育协会曾估计，学校教育只能赋予人们所需知识的 20%～25%，而 75%～80% 的知识是走出学校后，在研究实践和生产实践中根据需要，不断再学习而获得的。因此，掌握信息检索的方法与技能，是形成合理知识和更新知识的重要手段，是做到无师自通、不断进取的主要途径。

2.1.3 信息检索的类型与特点

信息检索根据检索的目的和对象不同，可以分为书目信息检索、全文信息检索、数据信息检索和事实信息检索。

1. 书目信息检索

书目信息检索以标题、作者、摘要、来源、收藏处所等为检索的目的和对象，检索的结果是与课题相关的一系列书目信息线索，即检索结果不直接解答课题用户提出的技术问题，只提供与之相关的线索供参考，用户通过阅读后才决定取舍。因此，书目信息检索是一种相关性检索。例如，检索"甲壳素水解制壳聚糖"的国内外专利技术有哪些，就属于书目信息检索的范畴。

2. 全文信息检索

全文信息检索以论文或专利说明书等全文为检索的目的和对象，检索的结果是与课题相关的论文或专利说明书的全文文本，检索结果也不直接解答用户提出的技术问题。因此，全文信息检索也是一种相关性检索，它是在书目信息检索基础上更深层次的内容检索。通过对全文的阅读，掌握与研究课题的相关信息，为研究的创新点提供参考与借鉴。

3. 数据信息检索

数据信息检索以具有数量性质，并以数值形式表示的数据为检索的目的和对象，检索的结果是经过测试、评价的各种数据，可直接用于比较分析或定量分析。因此，数据信息检索是一种确定性检索。例如，查找各种物质的物理化学常数、各种统计数据和工程数据等属于数据信息检索的范畴。

4. 事实信息检索

事实信息检索以事项为检索的目的和对象，检索的结果是有关某一事物的具体答案。因此，事实信息检索是一种确定性检索。但事实信息检索过程中所得到的事实、概念、思想、知识等非数值性信息和一些数值性信息须进行分析、推理，才能得到最终的答案，因此要求检索系统必须有一定的逻辑推理能力和自然语言理解功能。目前，较为复杂的事实信息检索课题仍需人工才能完成。例如，要想得到中国发明专利历年的申请案中国外来华申请历年所占的百分比这一事实信息，就需要对历年的数据进行统计，然后进行比较分析，

才能得出具体答案。

综上所述，书目信息检索是从存储标题项、作者项、来源项或摘要项的检索系统中获取有关的信息线索，如利用各种目录、题录和文摘检索系统或书目数据库。全文信息检索是从存储整篇论文、专利说明书乃至整本著作的检索系统中获取全文信息，如利用各种论文全文数据库、专利说明书全文数据库系统。数据信息检索是从存储大量数据、图表的检索系统中获取数值性信息，如利用各种手册、年鉴、图谱、表谱等检索系统。事实信息检索是从存储大量知识信息、事实信息和数据信息的检索系统中获取某一事项的具体答案，如利用各种百科全书、年鉴和名录等检索系统。

2.2 信息检索原理

2.2.1 信息检索效率

信息检索效率是研究信息检索原理的核心，是评价一个检索系统性能优劣的标准，它始终贯穿信息存储和检索的全过程。衡量信息检索效率的指标有查全率、查准率、漏检率、误检率、响应时间等。目前，人们通常以查全率和查准率这两个指标来衡量。

1. 查全率

利用检索系统进行某一课题检索时，查出的相关信息量(w)与该系统信息库中存储的相关信息量(x)的比率再乘以100%，称为查全率(R)，用公式可表示为

$$R = w/x \times 100\%$$

2. 查准率

利用检索系统进行某一课题检索时，查出的相关信息量(w)与查出信息总量(m)的比率再乘以100%，称为查准率(P)，用公式可表示为

$$P = w/m \times 100\%$$

从检索要求来说，希望查全率和查准率都同时达到100%，即系统中存储的所有相关信息都被查出($x = w = m$)，这是最为理想的效果。但事实上很难达到全部查出和全部查准的要求，而只能达到某个百分比，总会出现一些漏检和误检。其漏检率(O)和误检率(N)也可用公式表示为

$$O = 1 - w/x \qquad N = 1 - w/m$$

如果一个检索系统中与某一课题有关的信息共250条，实际检出400条，其中相关信息为200条，此次检索效率可计算为

查全率 $R = (200/250) \times 100\% = 80\%$ 　　漏检率 $O = 1 - 80\% = 20\%$

查准率 $P = (200/400) \times 100\% = 50\%$ 　　误检率 $N = 1 - 50\% = 50\%$

由此可见，查全率与漏检率为互补关系，查准率与误检率为互补关系，要想取得较高的检索效率，就须尽可能降低漏检率和误检率。从以上计算结果也可知，查全率和查准率之间存在着相互制约的现象，即提高查全率会使查准率下降，提高查准率会使查全率下降。

因此，在实际检索过程中，必须兼顾查全和查准，不可片面追求某一方面。

2.2.2 信息检索系统

信息检索系统是拥有一定的存储、检索技术装备，存储经过加工的各类信息，并能为信息用户检索所需信息的服务工作系统。信息检索系统由下列要素构成：①信息数据库；②存储、检索信息的装备；③存储、检索信息的方法；④系统工作人员；⑤信息用户。因而，信息检索系统具有吸收信息、加工信息、存储信息和检索信息等功能。信息检索系统按使用的技术手段可分为手工检索系统、机械检索系统和计算机检索系统，常用的是手工检索系统和计算机检索系统。

1. 手工检索系统

手工检索系统又称传统检索系统，是用人工查找信息的检索系统。其主要类型有各种书本式的目录、题录、文摘和各种参考工具书等。检索人员可与它直接"对话"，具有方便、灵活、判断准确，可随时根据需求修改检索策略，查准率高的特点。但由于全凭人的手工操作，检索速度受到限制，也不便于实现多元概念的检索。

2. 计算机检索系统

1) 概述

计算机检索系统又称现代化检索系统，是由计算机技术、电子技术、远程通信技术、光盘技术、网络技术等构成的存储和检索信息的系统。存储时，将大量的各种信息以一定的格式输入系统中，加工处理成可供检索的数据库。检索时，将符合检索需求的提问式输入计算机，在选定的数据库中进行匹配运算，然后将符合提问式的检索结果按要求的格式输出。主要特点是：①检索速度快，能大大提高检索效率，节省人力和时间；②采用灵活的逻辑运算和后组式组配方式，便于进行多元概念检索；③能提供远程检索。

按使用的设备和采用的通信手段，计算机检索系统可分为联机检索系统、光盘检索系统和网络检索系统。

联机检索系统主要由系统中心计算机和数据库、通信设备、检索终端等组成，能进行实时检索，具有灵活、不受地理限制等优点，但检索费用较高。

光盘检索系统主要由光盘数据库、光盘驱动器、计算机等组成，具有易学易用、检索费用低的优点，根据使用的通信设备，又可分为单机光盘检索系统和光盘网络检索系统。

网络检索系统是将若干计算机检索系统用通信线路联结以实现资源共享的有机体，是现代通信技术、网络技术和计算机技术结合并高度发展的产物，它使各大型计算机信息系统变成网络中的一个节点，每个节点又可联结很多终端设备，依靠通信线路把每个节点联结起来，形成纵横交错、相互利用的信息检索网络。

2) 数据库类型

按所提供的信息内容，数据库主要可分为参考数据库和源数据库。

(1) 参考数据库。主要存储一系列描述性信息内容，指引用户到另一信息源以获得完整的原始信息的一类数据库，主要包括书目数据库和指南数据库。

①书目数据库。存储描述如目录、题录、文摘等书目线索的数据库，又称二次文献信息数据库。各种图书馆目录数据库、题录数据库和文摘数据库等属于此类，它的作用是指出了获取原始信息的线索。图书馆目录数据库，又称机读目录，其数据内容详细，除描述标题项、作者项、出版项等书目信息外，还提供索取原始信息的馆藏信息。题录数据库、文摘数据库描述的数据内容与印刷型的题录、文摘相似，提供了论文信息或专利信息等的信息来源。

②指南数据库。存储描述关于机构、人物、产品、活动等对象的数据库。与其他数据库相比，指南数据库提供的不仅是有关信息，还包括各种类型的实体，多采用名称进行检索。存储生产与经营活动信息的机构名录数据库、存储人物信息的人物传记数据库、存储产品或商品信息的产品指南数据库、存储基金信息的基金数据库等属于此类，作用是指引用户从其他有关信息源获取更详细的信息。

(2) 源数据库。主要存储全文、数值、结构式等信息，能直接提供原始信息或具体数据，用户不必再转查其他信息源的数据库，主要包括全文数据库和数值数据库。

①全文数据库。存储原始信息全文或主要部分的一种源数据库，如期刊全文数据库、专利全文数据库、百科全书全文数据库，使用某一词汇或短语，便可直接检索出含有该词汇或短语的全文信息。

②数值数据库。存储以数值表示信息为主的一种源数据库，类似的有文本-数值数据库。与书目数据库比较，数值数据库是对信息进行深加工的产物，可以直接提供所需的数据信息，如各种统计数据库、科学技术数据库等。数值数据库除了一般的检索功能，还具有准确数据运算、数据分析、图形处理及对检索输出的数据进行排序和重新组织等方面的功能。

3) 数据库的结构

(1) 书目数据库的结构。书目数据库是以文档形式组织的一系列数据，这些数据称为记录，一个记录又包含若干字段。

文档是按一定结构组织的相关记录的集合。文档是书目数据库数据组织的基本形式，文档的组织方式与检索系统的硬件和软件功能密切相关。在书目数据库中，文档按结构主要分为顺排文档和倒排文档。

①顺排文档。记录按顺序存放，记录之间的逻辑顺序与物理顺序是一致的，相当于印刷型工具中文摘的排列顺序，是一种线性文档。顺排文档是构成数据库的主体部分，但其主题词等特征的标识呈无序状态，直接检索时，必须以完整的记录作为检索单元，从头至尾查询，检索时间长，实用性较差。

②倒排文档。将顺排文档各个记录中含有主题性质字段(如主题词字段、标题字段、叙词字段等)和非主题性质字段(如作者字段、机构字段、来源字段等)分别提取出来，按某种顺序重新组织得到的一种文档。具有主题性质的倒排文档称为基本索引文档，非主题性质的倒排文档称为辅助索引文档。

综上所述，顺排文档和倒排文档的主要区别是：顺排文档以完整的记录为处理和检索单元，是主文档；倒排文档以记录中的字段为处理和检索单元，是索引文档。计算机进行检索时，先进入倒排文档查找有关信息的存取号，再进入顺排文档按存取号查找记录。

记录是作为一个单位来处理有关数据的集合，是组成文档的基本数据单位。记录中所包含的若干字段是组成记录的基本数据单位。在书目数据库中，一个记录相当于一条题录或文摘,因此,一个记录通常由标题字段、作者字段、来源字段、文摘字段、主题词字段、分类号字段、语种字段等组成。在有些字段中,又包含多个子字段,子字段是字段的下级数据单位。例如,主题词字段含有多个主题词。按照字段所代表记录的性质不同,字段通常分为基本字段和辅助字段两类。

(2) 全文数据库的结构。一般全文数据库的结构与书目数据库相似,全文数据库的一个记录就是一个全文文本,记录分成若干字段。其主文档是顺排文档,倒排文档对应于记录可检字段的索引文档。

(3) 数值数据库的结构。数值数据库的结构要综合考虑数据库的内容及检索目的,即,在内容上,数值数据库的主要内容是数值信息,但不排除含有必要的说明性的文本信息;在检索上,便于单项检索和综合检索,还能对数值进行准确的数据运算、数据分析、图形处理及对检索输出的数据进行排序和重新组织。数值数据库的数据结构可以是单元形式,也可以是表册形式。前者是对原始数据的模拟,后者则是对统计表格的机读模拟。数值数据库通常有多种文档,如顺排文档、倒排文档、索引文档等。顺排文档由数值数据组成,为主文档,另有相应的索引文档,为便于存取,索引文档采用基本直接存取结构的组织形式。倒排文档也有相应的索引文档,索引文档采取分级组织形式。数值数据库的文档结构,使所有文档都可以用于检索,所有数据都可用来运算,构成了数值数据库的特点。

(4) 指南数据库的结构。指南数据库的结构兼有书目数据库、全文数据库和数值数据库的特点,有顺排文档、倒排文档、索引文档和数据字典。一般而言,对涉及主题领域较多、内容综合性较强的大型指南数据库,顺排文档(主文档)可采用多子文档的结构;对单一主题领域和内容较专的,则采用单一主文档和不定长、多字段的记录格式。

2.2.3 信息检索语言

检索语言又称标引语言、索引语言、概念标识系统等,是信息检索系统存储和检索信息时共同使用的一种约定性语言,以达到信息存储和检索的一致性,提高检索效率。因此,与其他语言相比,信息检索语言突出的特点是:①具有必要的语义和语法规则,能准确地表达科学技术领域中的任何标引和提问的中心内容与主题;②具有表达概念的唯一性,即同一概念不允许有多种表达方式,不能模棱两可;③具有检索标识和提问特征进行比较与识别的方便性;④既适用于手工检索系统又适用于计算机检索系统。其主要功能是沟通信息存储、检索的全过程,是信息标引存储人员与信息检索人员和用户之间进行交流的媒介,以保证信息检索过程的顺利实施。检索语言按表述信息内容特征,可分为分类语言和主题语言。

1. 分类语言

分类语言包括体系分类语言、组配分类语言和混合分类语言。在信息的标引存储和检索应用过程中,常用的是体系分类语言。

1) 体系分类语言的特点

体系分类语言是按照一定的观点,以学科分类为基础,用逻辑分类的原理,结合信息的内容特征,运用概念划分的方法,按知识门类从总到分、从上到下、层层划分、逐级展开组成分类表，并以分类表来标引、存储和检索信息。体系分类语言的特点是，能较好地体现学科的系统性，反映事物的平行、隶属和派生关系，符合人们认识事物的习惯，有利于从学科或专业的角度进行族性检索，能达到较高的查全率；采用国际上广泛使用的拉丁字母和阿拉伯数字作为概念标识的分类号，比较简明，便于组织目录系统。但是，由体系分类语言编制的体系分类表由于受自身结构特点的限制，存在某些明显的不足之处，主要如下：

(1) 体系分类表具有相对稳定性，难以随时增设新兴学科的类目，不能及时反映新学科、新技术、新理论方面的信息，对检索结果的查全率和查准率有一定的影响。

(2) 体系分类表属直线性序列和层垒制结构，难以反映因科学技术交叉渗透而产生的多维性知识空间，对检索结果的查准率有一定的影响。

尽管如此，体系分类语言仍然广泛地应用于信息的存储与检索。目前，国际上通用的体系分类表有《通用十进制分类法》(简称 UDC)，国内通用的体系分类表有《中国图书馆分类法》(简称《中图法》)。

2)《中图法》(第五版)分类体系组成及结构

《中图法》由基本部类和基本大类、简表、详表、通用复分表组成。

(1) 基本部类和基本大类。基本部类，又称基本序列，由五大部类组成。基本大类，又称大纲，是在基本部类的基础上展开的第一级类目，由22个大类组成，见表2-2-1。

表2-2-1 《中图法》(第五版)基本部类和基本大类表

基本部类	基本大类
1. 马克思主义、列宁主义、毛泽东思想	A.马克思主义、列宁主义、毛泽东思想、邓小平理论
2. 哲学	B.哲学、宗教
3. 社会科学	C.社会科学总论 D.政治、法律 E.军事 F.经济 G.文化、科学、教育、体育 H.语言、文字 I.文学 J.艺术 K.历史、地理
4. 自然科学	N.自然科学总论 O.数理科学和化学 P.天文学、地球科学 Q.生物科学 R.医药、卫生 S.农业科学 T.工业技术 U.交通运输 V.航空、航天 X.环境科学、安全科学
5. 综合性图书	Z.综合性图书

(2) 简表。简表是在基本大类上展开的二级类目表，通过简表可了解分类概貌。工业技术大类的简表见表2-2-2。

表2-2-2 《中图法》(第五版)T 工业技术大类简表(二级类目表)

TB 一般工业技术	TL 原子能技术
TD 矿业工程	TM 电工技术
TE 石油、天然气工业	TN 电子技术、通信技术
TF 冶金工业	TP 自动化技术、计算机技术
TG 金属学与金属工艺	TQ 化学工业
TH 机械、仪表工业	TS 轻工业、手工业、生活服务业
TJ 武器工业	TU 建筑科学
TK 能源与动力工程	TV 水利工程

(3) 详表。详表是分类表的主体，依次详细列出类号、类目和注释。

(4) 通用复分表。对主表中列举的类目进行细分，以辅助详表中的不足。通用复分表由总论复分表、世界地区表、中国地区表、国际时代表、中国时代表、世界种族与民族表、中国民族表、通用时间与地点表组成，附在详表之后。

2. 主题语言

主题语言是采用表达某一事物或概念的名词术语用于标引、存储、检索的一种检索语言。根据选词原则、词的规范化处理、编制方法和使用规则的不同，主题语言可分为标题词语言、关键词语言、单元词语言和叙词语言，目前常用的是关键词语言和叙词语言。

1) 关键词语言

关键词语言是直接从原文的标题、摘要或全文中抽选出来，具有实质意义的，未经规范化处理的自然语言词汇，作为信息存储和检索依据的一种检索语言。运用关键词语言编制的关键词索引，其关键词按字顺排列构成索引款目，所抽选的关键词都可以作为标引词在索引中进行轮排，作为检索"入口词"进行检索。但关键词索引不显示词间关系，不能进行缩检和扩检，对提高检索效率有一定的限制。由于关键词表达事物、概念直接、准确，不受词表控制，能及时反映新事物新概念。目前，关键词语言已广泛地应用于手工检索系统和计算机检索系统中的索引编制，采取编制禁用词表和关键词表等方法，以提高关键词抽取的准确性，并对词间关系进行控制，以提高检索效率。关键词索引的主要类型有题内关键词索引、题外关键词索引、普通关键词索引、词对式关键词索引、双重关键词索引等。其中，常见的是题内关键词索引和普通关键词索引。美国《化学题录》(CT)中的"题内关键词索引"、CA中的"关键词索引"就是其主要代表。

2) 叙词语言

叙词语言是以自然语言为基础，以概念组配为基本原理，并经过规范化处理，表达主题的最小概念单元，作为信息存储和检索依据的一种检索语言。叙词语言吸收了其他检索语言的优点，并加以改进。例如，叙词语言吸收了体系分类语言的等级关系，编制了词族表；吸收了标题词语言的规范化处理方法和参照系统，达到了一词一义的目的，发展了词与词之间的逻辑关系，形成语义网络，编制了叙词表；吸收了单元词语言的组配原理，并取代了单元词语言；吸收了关键词语言的轮排方法，编制了各种叙词索引。因而，叙词语言在直观性、单义性、专指性、组配性、多维检索性、网络性、语义关联性、手工检索与计算机检索的兼容性、符合现代科技发展的适应性诸方面，都较其他检索语言更加完善和优越。叙词语言的基本特性表现如下：

(1) 叙词的概念组配性。叙词语言以概念—语言—事物的逻辑关系来描述主题，并通过概念组配来检索所描述主题的信息。叙词的概念组配方式有四种。

① 概念相交组配，是指两个或两个以上交叉关系叙词的组配，其结果形成一个新的概念。这个新概念是原来用以组配的两个概念的下位概念，如

$$汽车部件*发动机=汽车发动机$$

② 概念限定组配，是指表示事物的叙词与表示事物方面的叙词组配，其结果形成一个新的概念。这个新概念可用来表示这一事物的某一属性或某一个方面，如

电视机*数字化=数字电视机

以上两种组配方式所得到的新概念都是原组配概念的下位概念，缩小了检索范围，提高了叙词概念的专指度，达到提高查准率的目的。

③概念并列组配，是指具有概念并列关系的叙词间的组配，其结果使概念检索的范围扩大，如

环境污染+环境保护=环境污染和环境保护

④概念删除组配，是指两个具有上下位关系的叙词间的组配，其结果使概念检索的范围缩小，如

计算机−模拟计算机=数字计算机

显然，概念并列组配与概念删除组配具有的功能完全相反。前者使检索范围扩大，可提高查全率；后者使检索范围缩小，可提高查准率。

由上可知，叙词的概念组配是用布尔逻辑运算来实现的，其运算原理详见 2.4.1 节布尔检索。

(2) 叙词的规范性。叙词的规范化处理如下：

①词义规范。对同义词（如计算机与电脑）、近义词（如实验与试验）、学名和俗名（如发动机与马达）、不同译名（如激光与莱塞）、简称与全称（如中国与中华人民共和国）、不同写法（如 X 射线与爱克斯射线）等进行选择；对多义词、同形异义词进行限定说明，如杜鹃既表示一种鸟，也表示一种花，就须限定说明为：杜鹃(动物)、杜鹃(植物)。

②词类规范。即确定词类的范围。能用作叙词的词类一般要求控制在具有实质意义的名词或动名词的范围之内。

③词形规范。即对词的繁简体、词序、字母符号等的规定。

上述几个方面的规范中，只有满足一词一义一型要求的词才有可能成为叙词。

(3) 叙词的语义性。叙词与叙词之间存在一定的语义关系。叙词之间的语义关系主要有同义关系、属分关系和相关关系。叙词语言对语义关系的揭示方法，主要通过各种语义参照符号来反映和联系。叙词语言的语义关系特性是通过叙词表体现的。国内用叙词语言编制的叙词表已有七八十种之多。最常用的有《汉语主题词表》《化工汉语主题词表》《机械工程主题词表》《国防科学技术叙词表》等。常见的国外叙词表有《INSPEC 叙词表》《工程索引叙词表》《工程与科学叙词表》等。下面以《汉语主题词表》为例，说明其词表结构和功能。

《汉语主题词表》是我国第一部大型的多学科词语的动态性综合词表。该词表按社会科学和自然科学两大系统编制，由主表(字顺表)、附表、词族索引、范畴索引和英汉对照索引组成，共分 3 卷 10 个分册。

①主表(字顺表)。是《汉语主题词表》的主体部分，由全部正式叙词款目和非正式叙词款目组成，所有款目严格按汉语拼音音序排检。

②附表。从主表衍生出来的一种专用词汇表，共有四种，包括世界各国政区名称、自然地理区划名称、组织机构名称和人物名称。

③词族索引。又称族系索引、等级索引，是将主表中具有属种关系、部分整体关系和

包含关系的正式主题词，按其本质属性展开，显示词间从属关系的一种词族系统。作用是揭示主题词之间族系关系，满足族性检索的需要。

④范畴索引。又称分类索引，是按照学科范畴并结合词汇分类需要，将主表中的全部款目主题词，按社会科学和自然科学两大范畴划分为58个大类，以便从分类角度查找与某一范畴内容有关的主题词，是主表的一种辅助工具。

⑤英汉对照索引。按主题词英译名字母顺序排列的一种主题索引，是通过英译名来选择主题词的辅助工具。

2.3 信息检索方法

检索方法是为实现检索计划或方案所提出的检索目的而采取的具体操作方法或手段的总称。检索获取知识信息的方法主要有两种：直接检索和间接检索。直接检索是通过浏览各种出版物上发表的学术论文、专利说明书等，以了解有关学科或专题发展动态的一种最简单的检索方法。其优点是能立即明确判断所包含的知识信息是否具有针对性和实用价值，不足是存在较大的盲目性和偶然性，查全率较低。间接检索是借助于各类检索系统，从数量庞大的信息集合中，迅速、准确地查找特定课题有关知识信息的常用检索方法，其优点是所获得知识信息的全面性和准确性都较高。本节仅对间接检索方法进行讨论，间接检索方法的全过程一般可分为信息需求分析、制定检索策略、实施检索策略和获取原始信息。

2.3.1 信息需求分析

信息需求是人们在客观上或主观上就一特定研究课题所需信息的要求，这种需求是检索信息的基本出发点，也是评价检索效果的依据。信息的需求分析主要包括以下两方面。

1. 明确检索的目的与要求

检索目的是指明确所需信息的用途，是为编写教材、撰写学科总结或进行专题综述系统收集信息？是为申请专利或鉴定科技成果，需利用信息为依据说明其新颖性和创新性？是为解决某一技术问题，需利用相关的技术信息提供借鉴或参考？还是为技术预测或决策提供背景材料？等等。检索要求是指明确所需信息的类型、语种、数量、检索的范围和年代等，以对查全率和查准率进行控制。显然，检索目的和检索要求是制定检索策略的基本依据。

2. 进行主题分析

主题分析是在明确检索目的的基础上进行的。检索目的不同，主题分析选取主题范围的广度与深度则不同。若要系统、全面地收集有关信息，选取主题范围的面要宽些，所得信息的泛指性要强些；若需有关信息为某一技术问题提供解决的方案作参考或借鉴，选取主题范围的面要窄些，所得信息的专指性要高些。

2.3.2 制定检索策略

检索策略是为达到检索目标而制定的具体检索方案或对策。制定检索策略一般包括选择检索系统、确定检索途径或检索单元、拟定检索程序。按检索系统使用的检索设备和检索手段,有手工检索策略和计算机检索策略之分。

1. 手工检索策略

1) 选择检索系统

要考虑选择以信息需求结合紧密、学科专业对口、覆盖信息面广量大、报道及时、揭示信息内容准确、有一定深度、索引体系完善的手工检索系统为最佳,如文摘类和题录类检索系统。

2) 确定检索途径

检索途径由所选择的检索系统提供,主要有分类途径、主题途径、作者途径、号码途径等。其中分类途径和主题途径是最常用的检索途径。分类途径以学科体系为入口进行检索,具有族性检索的特点,查全率较高。但一般只能满足单维概念的检索需求,对多维概念的检索,查准率较低。若信息需求范围较宽、泛指性较强,宜选用分类途径。主题途径以叙词或关键词为入口进行检索,具有特性检索的特点,查准率较高,能满足多维概念的检索需求,并能及时地反映新兴学科、交叉学科和边缘学科的发展。若信息需求范围窄、专指性要求高,宜选用主题途径。无论哪种检索途径都有各自的特点,既要根据检索的目的与要求,还要根据所选检索系统可提供的检索途径来确定。当选择的检索系统提供的检索途径较多时,各种途径可交叉运用产生互补效应,从而使检索效果更接近需求。

3) 拟定检索程序

手工检索过程由人的手查、眼阅进行,检索提问与存储标识之间的比较是靠大脑随时思维作判断而完成的,检索需求往往只存在于人的大脑,因此,检索程序不必写成书面的表达语句,可以边查边思维,根据需求随时修改检索策略。

2. 计算机检索策略

1) 选择检索系统

除了要考虑所选择计算机检索系统是否包含与信息需求结合紧密、学科专业对口、覆盖信息面广量大、报道及时、揭示信息内容准确、有一定深度的数据库,还要考虑系统的检索功能是否完善。例如,国际著名的 Dialog 系统,不仅数据库所包含的文档多,而且学科的涵盖面大,其检索功能也相当完善。

2) 确定检索单元

检索单元是表达信息需求的基本单元,也是与系统中有关数据库进行匹配运算的基本单元。检索单元选择得当与否,会直接影响其检索效果。检索单元可分为两类,一类是表示主题概念的检索词,如叙词(经规范化处理的自然语言词汇)和自由词(未经规范化处理的自然语言词汇),是常用的检索单元;另一类是某些特殊的符号,如分类号、代码、作者姓名等。检索词的选择与确定主要遵循下列两个原则。

(1) 根据检索课题所涉及的学科专业和技术内容选词。少数检索课题可直接选用课题名称中的主要概念作为检索词。例如，检索"甲壳素水解制壳聚糖"技术方面的信息，选用"甲壳素"、"水解"和"壳聚糖"、"制备"这两组四个检索词，就基本能满足该课题所需信息的要求。但大多数检索课题须从专业、技术的角度对研究内容进行仔细分析，才能找出全面确切表达主题概念的检索词。例如，检索"染料的电化学性能研究"方面的信息，若仅从课题名称中所包含的主题进行分析，似乎选"染料"、"电化学性能"作为检索词就行。深入分析课题所涉及的具体内容，就会发现，该课题以研究染料的电化学性能为基础，采用电混凝方法处理印染废水。显然，检索词应选择"印染废水处理"、"染料"和"电混凝"、"电化学"才能比较全面确切地满足课题检索的需求。

(2) 对检索词进行处理。在计算机检索系统中，计算机只能从词形上辨别所扫描的记录是否符合检索要求，不可能像人的大脑那样去考虑检索词的含义。因此，要考虑所选择的检索词是否与数据库相容，须将检索词作如下处理。

① 使用有关数据库的词表或相应的印刷型词表进行比较，使其从概念上、词形上与词表中的词表达一致。此时，检索词作叙词使用。

② 如果选择的检索词无词表可查，或未在词表中反映出来，此时，检索词作自由词使用。自由词作为检索词时，要注意尽量从专业技术角度出发，使用国际上通用的术语，如"贫铜矿"宜用"低品位铜矿"，也尽可能不使用一词多义的词汇，如"cell"，既表示生物学中的"细胞"，又表示电学中的"电池"，易造成误检。

经过以上处理的检索词，一般都能提高与数据库的相容性，从而保证其检索效果。值得提出的是，由于存储器容量的不断增大，检索软件的不断完善，自由词在计算机检索系统中得到广泛的应用。这是因为自由词的数量很大，覆盖面广，与叙词相比，相应的自由词与数据库有更大的相容性和匹配性，自由词之间的关系可用全文检索技术来控制。

3) 拟定检索程序

在计算机检索过程中，检索提问与存储标识之间的对比匹配是由机器进行的，拟定检索程序的核心是构造一个既能表达检索课题需求，又能被计算机识别的检索提问式。检索提问式是检索策略的具体体现，是计算机检索的依据。构造检索提问式主要使用布尔逻辑算符、位置逻辑算符、截词符、限制符等，将检索词进行组配，确定检索词之间的概念关系或位置关系，准确地表达课题需求的内容，以保证和提高信息的查全率与查准率。关于在构造检索提问式中使用的各类算符的确切含义和具体用法将在2.4节专门叙述。

2.3.3 实施检索策略和获取原始信息

1. 实施检索策略，获取信息线索

手工检索策略的实施，主要靠人的大脑将检索策略中信息需求所涉及的有关提问特征（如主题词、分类号、作者姓名等）与检索系统中提供的检索标识进行比较分析，筛选出与信息需求一致或基本一致的检索结果。计算机检索策略的实施，是将构造好的检索提问式输入计算机检索系统，使用检索系统认可的检索指令进行逻辑匹配运算，并输出显示检索结果。在这个过程中，对检索结果进行粗读和筛选。对筛选出的信息线索，要进行信息来源类型的辨析。辨析信息来源的类型主要以信息来源的特征为区分标志。

(1) 著作的区分标志。著作一般以图书的形式出版，在来源著录出版社、出版地、版次、国际标准书号。例如，Photochemistry and Photophysics of Metal Complexes（书名），Plenum Press.New York A Division of Pleum Publishing Corporation（出版社），233 Spring Street，New York，N.Y 10013（出版地），ISBN-0-306-44694-4（国际标准书号）。

(2) 论文的区分标志。论文一般以期刊的形式发表，在来源著录期刊的刊名、卷、期、年代、国际标准刊号、语种等。例如，The Journal of Physical Chemistry A（刊名），v104（卷），n21（期），2000（年代），ISSN1089-5639（国际标准刊号），In English（语种）。若是会议论文，在来源著录会议或会议录名称、主办单位、会议召开地点、时间等，其显著的区分标志是著录 Proceedings、Conference、Meeting、Symposium、Workshop、Colloquium、Convention 等字样。若是学位论文，在来源著录学位名称（如 Ph.D）、授予学位的校名（West Virginia University）、导师姓名（Chair:Syd S.Peng）、论文编号（Order Number DA9121891）等。

(3) 专利说明书的区分标志。在来源著录专利国别、专利号等，如 WO2012003747（A1）。

(4) 科技报告的区分标志。在来源著录报告字样、报告机构代号和报告号等，如 Report AD-A264915。

(5) 技术标准的区分标志。在来源著录 Standard、Specification 字样及标准机构代号，如 ISO、IEC、GB 等。

2. 整理信息线索，获取原始信息

将所得的信息检索结果按来源类型、语种进行归类整理并按参考价值的重要程度进行排序，就进入原始信息的获取阶段。获取原始信息的基本原则是由近及远，常用的方式如下。

(1) 利用报道单一信息机构的馆藏目录，了解馆藏情况和索取号，借阅或复制原始信息。

(2) 利用报道多个信息机构的馆藏目录，了解收藏机构名称、馆藏情况和索取号，借阅或复制原始信息。

(3) 利用文献传递获取原始信息。

(4) 利用全文数据库下载原始信息。

采用何种方式索取原始信息，可根据当地、当时的具体条件而定，具体操作步骤请参见第 3 章～第 9 章。

2.4　信息检索技术及其应用

信息检索技术是指利用现代信息检索系统（如联机数据库、光盘数据库和网络数据库）检索有关信息而采用的相关技术，主要有布尔检索、词位检索、截词检索和字段限制检索。

2.4.1　布尔检索

利用布尔逻辑算符进行检索词的逻辑组配，是常用的一种检索技术。

1. 布尔逻辑算符的形式及含义

(1) 逻辑与。逻辑与是一种具有概念交叉或概念限定关系的组配，用"*"或"AND"或"并且"表示。例如，要检索"大气污染控制"方面的有关信息，它包含"大气污染"和"控制"两个主要的独立概念。"大气污染—air pollution"、"控制—control"可用逻辑与组配，即"air pollution AND control"表示两个概念应同时包含在一条记录中。逻辑与组配的结果如图 2-4-1(a) 所示。A 圆代表只包含"air pollution"的命中记录条数(619)，B 圆代表只包含"control"的命中记录条数(23290)，A、B 两圆相交部分为"air pollution"、"control"同时包含在一条记录中的命中计录条数(54)。由图 2-4-1(a) 可知，使用逻辑与组配技术，缩小了检索范围，增强了检索的专指性，可提高检索信息的查准率。

(2) 逻辑或。逻辑或是一种具有概念相同、相关关系的组配，用"+"或"OR"或"或者"表示。例如，要检索"聚氯乙烯"方面的信息，"聚氯乙烯"这个概念的英文名可用"PVC"和"polyvinyl chloride"两个同义词来表达，采用逻辑或组配，即"PVC OR polyvinyl chloride"，表示这两个并列的同义概念分别在一条记录中出现或同时在一条记录中出现。逻辑或组配的结果如图 2-4-1(b) 所示。A、B 两圆及其两圆相交部分均为检索命中计录条数(364)。由图 2-4-1(b) 可知，使用逻辑或检索技术，扩大了检索范围，可提高检索信息的查全率。

(3) 逻辑非。逻辑非是一种具有概念排除关系的组配，用"-"或"NOT"或"不包含"表示。例如，检索"不包括核能的能源"方面的信息，"能源"、"核能"采用逻辑非组配，即"能源 NOT 核能"，表示从"能源"检索出的记录中排除含有"核能"的记录。逻辑非组配结果如图 2-4-1(c) 所示。A 圆代表"能源"的命中计录条数(25283)，B 圆代表"核能"的命中数(4945)，A、B 两圆之差为命中记录条数。由图 2-4-1(c) 可知，使用逻辑非可排除不需要的概念，可提高检索信息的查准率，但也易将相关的信息剔除，影响检索信息的查全率。因此，使用逻辑非检索技术时要慎重。

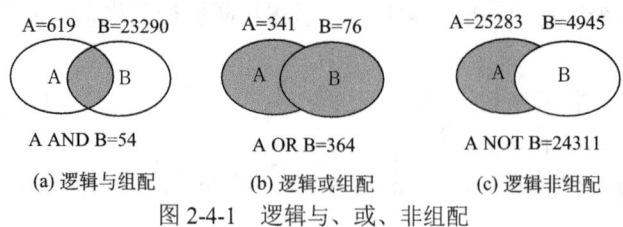

图 2-4-1 逻辑与、或、非组配

2. 布尔逻辑算符的运算次序

用布尔逻辑算符组配检索词构成的检索提问式，逻辑算符 AND、OR、NOT 的运算次序在不同的检索系统中有不同的规定。在有括号的情况下，括号内的逻辑运算先执行。在无括号的情况下，有下列几种处理顺序。

(1) NOT 最先执行，AND 其次执行，OR 最后执行。

(2) AND 最先执行，NOT 其次执行，OR 最后执行。

(3) OR 最先执行，AND 其次执行，NOT 最后执行。

(4) 按自然顺序，AND、OR、NOT 谁在前就先执行谁。

检索时，需要事先了解检索系统的规定，避免逻辑运算次序处理不当而造成错误的检索结果，因为对同一个布尔逻辑提问式，不同的运算次序会有不同的检索结果。

2.4.2 词位检索

词位检索是以数据库原始记录中的检索词之间的特定位置关系为对象的运算，又称全文检索。词位检索是一种可以不依赖叙词表而直接使用自由词进行检索的一种技术。这种检索技术增强了选词的灵活性，采用具有限定检索词之间位置关系功能的位置逻辑算符进行组配运算，可弥补布尔检索技术只是定性规定参加运算的检索词在检索中的出现规律满足检索逻辑即为命中结果，不考虑检索词词间关系是否符合需求，而易造成误检的不足。在不同的检索系统中，位置逻辑算符的种类和表达形式不完全相同，使用词位检索技术时，应注意检索系统的使用规则。

1. 邻位检索

常用的位置逻辑算符有(W)与(nW)、(N)与(nN)。

(1) (W)与(nW)算符。两词之间使用"W"，表示其相邻关系，即词与词之间不允许有其他词或字母插入，但允许有一个空格或标点符号，且词序不能颠倒。使用(W)算符连接的检索词已构成一个固定的词组，显然(W)算符具有较强的严密性。例如，GAS(W) CHROMATOGRAPH 表示检索结果为 GAS CHROMATOGRAPH 和 GAS-CHROMAT-OGRAPH 形式的才为命中。(nW)由(W)衍生而来。在两词之间使用"nW"，表示两词之间可插入 $n(n=1,2,3,\cdots)$ 个词，但词序不能颠倒，它与(W)的唯一区别是，允许在两词之间插入 n 个词，因而，严密性略逊于(W)。例如，LASER(1W)PRINTER 表示检索结果中具有"LASER PRINTER"、"LASER COLOUR PRINTER"和"LASER AND PRINTER"形式的均为命中。

(2) (N)与(nN)算符。两词之间使用(N)也表示其相邻关系，两词之间不能插入任何词，但两词词序可以颠倒。例如，"WASTEWATER(N) TREATMENT"表示检索结果中具有"WASTEWATER TREATMENT"和"TREATMENT WASTEWATER"形式的均为命中记录。(nN)除具备(N)算符的功能外，不同之处是允许两词之间插入 n 个词。

2. 邻近检索

用于网络数据库，常用的位置逻辑算符有：同句、同段(中文系统)；NERA、WITHIN n、SAME 等(英文系统)。NERA 表示两词之间不得多于 9 个词，词前后位置任意；WITHIN n 表示两个检索词之间可包含其他词，两词间距最多 $n–1$ 个词，词的顺序任意；SAME 要求检索词在同一个句子中，这里所指的同一个句子是两个句号之间的字符串，检索词在句子中的顺序任意。例如，air NEAR pollution、 air WITHIN 5 pollution、 air SAME pollution。

2.4.3 截词检索

截词检索是预防漏检、提高查全率的一种常用检索技术，大多数系统都提供截词检索的功能。截词是指在检索词的合适位置进行截断，然后使用截词符进行处理，可节省输入的字符，又可达到较高的查全率。尤其在西文检索系统中，使用截词符处理自由词，对提高查全率的效果非常显著。在截词检索技术中，较常用的是后截词和中截词。按所截断的字符数分，有无限截词和有限截词两种，截词符在不同的系统中有不同的表达形式。

1. 后截词

后截词从检索性质上是满足前方一致的检索。

(1)有限后截词。主要用于词的单、复数，动词的词尾变化等。例如，book 用 book$处理，表示截一个词，可检索出含有 book 和 books 的记录，"$"为有限截词符号。

(2)无限后截词。主要用于同根词。例如，solubilit 用 solub*处理，可检索出含有 solubilize、solubilization、soluble 等同根词的记录，"*"为无限截词符号。

2. 中截词

中截词也称屏蔽词。一般来说，中截词仅允许有限截词，主要用于英、美拼写不同的词和单、复数拼写不同的词。例如，organi?ation 可检索出含有 organisation 和 organization 的记录。由此可知，中截词使用的符号为"?"，即用"?"代替那个不同拼写的字符。

从以上各例可知，使用截词检索具有隐含的布尔逻辑或(OR)运算的功能，可简化检索过程。

2.4.4 字段限制检索

使用截词检索简化了布尔检索中的逻辑或功能，并没有改善布尔检索的性质。使用词位检索只能限制检索词之间的相对位置，不能完全确定检索词在数据库记录中出现的字段位置。尤其在使用关键词进行全文检索时，需要用字段限制查找的范围，以提高信息的查准率。在现代信息检索系统中，常用的字段代码有标题(TI)、文摘(AB)、叙词或受控词(DE 或 CT)、标识词或关键词(ID 或 KW)、作者(AU)、语种(LA)、刊名(JN)、文献类型(DT)、年代(PY)等。这些字段代码在不同的系统中有不同的表达形式和使用规则，在进行字段限制检索时，应参阅系统及有关数据库的使用说明，避免产生检索误差。

2.4.5 信息检索方法及检索技术应用实例

检索课题：《红字》中海斯特形象研究

1. 信息需求分析

1)检索目的与要求

(1)目的：学位论文开题查新。

(2)要求：文献类型不限；语种不限；时间限制在 2000 年至今。

2)分析主题，确定主题范围

根据检索目的，主题范围可确定为：《红字》、海斯特、形象。

查新相关知识

2. 制定检索策略

(1) 选择检索词。根据主题分析确定的主题范围，选择检索词如下：
《红字》—The Scarlet Letter
海斯特—Hester
海丝特—Hester
形象—Image

(2) 使用相关检索技术，构造检索提问式。
提问式 1：红字 并且(海斯特 或者 海丝特) 并且 形象
提问式 2：[红字 并且(海斯特 或者 海丝特) 并且 形象]/篇名
提问式 3：The Scarlet Letter and Hester
提问式 4：The Scarlet Letter and Hester and Image

第3章 国内网络数据库信息的检索

3.1 CNKI

3.1.1 概述

CNKI 是中国知识基础设施工程(China National Knowledge Infrastructure)的英文缩写，亦称中国知网(China National Knowledge Internet)，是全球领先的数字出版平台，由清华大学、清华同方发起，于1999年6月创建，历经数次改版，采用一套检索方法，提供海量中外文献资源的一站式检索及个性化增值服务，为知识高效共享提供了丰富的知识信息资源和最有效的知识传播与数字化学习平台。2017年10月CNKI再次改版，新版首页直接替换以前的首页面，为保持延续性，在新版首页上设置"旧版入口"，如图3-1-1所示，主要资源信息参见表3-1-1，网址为www.cnki.net，所有用户可免费检索获取题录和文摘。

图 3-1-1 CNKI 新版首页

新版首页主要划分为检索区域、行业知识服务与知识管理平台、研究学习平台、专题知识库、出版平台&评价 5 大模块。检索区域模块提供文献检索、知识元检索和引文检索三种检索类型。

文献检索既可跨库检索，也可单库检索，按照文献类型重新组织中外文资源，实现了中外文文献的合并检索和统一排序，新增 HTML 全文阅读功能，利用相关数据库，检索学术期刊论文、博硕士学位论文、会议论文、重要报纸、各类年鉴、国内外专利、国内外标准等信息。

知识元检索可对知识问答、百科、词典、手册、工具书、图片、统计数据、指数、方法、概念等信息进行检索。

引文检索利用中国引文数据库，对被引文献、被引作者、被引机构、被引期刊、被引基金、被引学科、被引地域、被引出版社等信息进行检索。

下面以《中国学术期刊(网络版)》为典型代表，介绍其检索方式及检索方法。

表 3-1-1　CNKI 主要资源

资源类型	来源	信息总量	收录年限
学术期刊	1 万余种	6000 多万篇	1915—
博士学位论文	474 家培养单位	40 万篇	1984—
优秀硕士学位论文	760 家培养单位	300 万篇	1984—
国内外重要会议论文	3 万本会议论文集	300 万篇	1999—
国内标准	国家标准(GB)、国家建设标准(GBJ)、中国行业标准	约 13 万条	
国外标准	国际标准(ISO)、国际电工标准(IEC)、欧洲标准(EN)等	约 31 万条	
中国专利	国家知识产权局、知识产权出版社	2500 万条	1985—
海外专利	国家知识产权局、知识产权出版社	1 亿余条	1970—
年鉴	国内中央、地方、行业和企业等各类年鉴的全文文献		1949—
工具书	近 200 家出版社出版的字典、词典、专科辞典、百科全书、手册、图录图鉴、表谱、名录等 6000 多部	1900 多万个条目，100 多万幅图片	
外文图书	国际著名出版商		

3.1.2　《中国学术期刊(网络版)》

《中国学术期刊(网络版)》是世界上最大的连续动态更新的中国学术期刊全文数据库，收录自 1915 年至今出版的期刊，部分期刊回溯至创刊。收录国内学术期刊 8000 余种，全文文献总量 5300 多万篇。学科覆盖自然科学、工程技术、农业、医学、哲学、人文社会科学等领域。按学科分为基础科学、工程科技Ⅰ辑、工程科技Ⅱ辑、农业科技、医药卫生科技、哲学与人文科学、社会科学Ⅰ辑、社会科学Ⅱ辑、信息科技、经济与管理科学十大专辑，168 个专题。

1. 检索方式及检索方法

单击图 3-1-1 中的链接，访问《中国学术期刊(网络版)》，如图 3-1-2 所示，有高级检索、专业检索、作者发文检索、句子检索、一框式检索和期刊导航 6 种方式,以高级检索、专业检索和期刊导航为例阐述其检索方法。

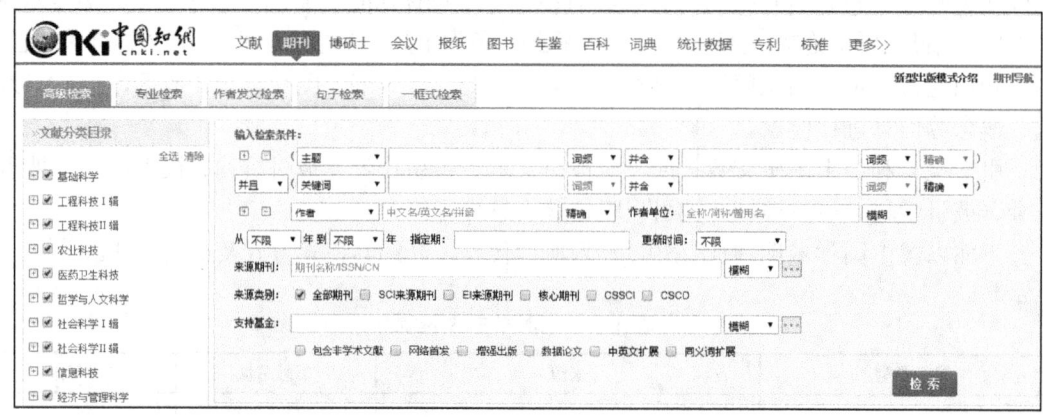

图 3-1-2　《中国学术期刊(网络版)》及高级检索界面

1) 高级检索

高级检索是系统默认的检索方式,检索界面参见图 3-1-2。提供布尔逻辑组配;精确(模糊)匹配;字段、年代和期刊类型限制及基金名称等检索条件。单击"输入检索条件"下方的可增加检索框,检索框之间的布尔逻辑算符使用下拉菜单选择"并且"、"或者"、"不含"进行组配,并列检索框的布尔逻辑算符用"并含"、"或含"、"不含"进行组配。

2) 专业检索

专业检索是将提问式直接输入检索框中进行检索的方式,检索界面及检索表达式如图 3-1-3 所示。

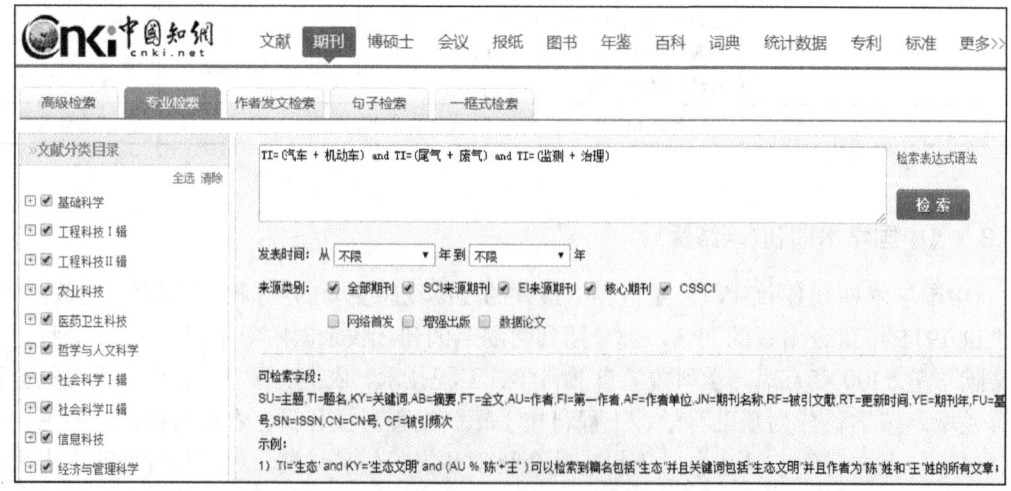

图 3-1-3　专业检索界面

3) 期刊导航

期刊导航是以期刊各种特征直接检索期刊论文与出版信息、评价信息的方式。有学科、数据库刊源、主办单位、出版周期、出版地、发行系统、核心期刊 7 种导航类型，在 7 种导航类型中，可分别按全部期刊、学术期刊、网络首发期刊、独家授权期刊、世纪期刊和单刊发行进行导航，同时提供按刊名（曾用刊名）、主办单位、ISSN、CN 检索的检索框，期刊导航界面如图 3-1-4 所示。

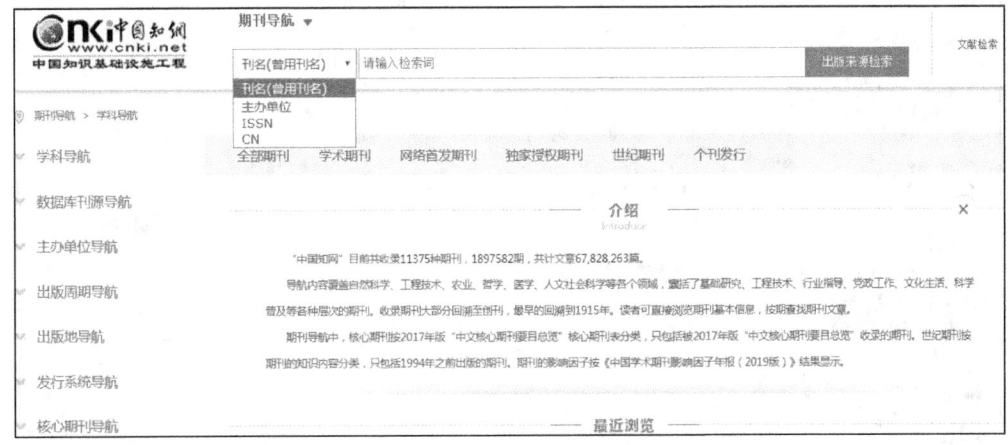

图 3-1-4　期刊导航界面

2. 检索实例

检索课题：互联网金融环境下商业银行应对策略研究

1）制定检索策略

（1）分析课题，选择检索词。

互联网金融；商业银行；应对策略

（2）使用相关检索技术，构造检索提问式。

[互联网金融 并且 商业银行 并且 应对策略]/篇名

（3）检索要求：①期刊范围不限；②学科不限；③时间范围为 2017 年至今；④检索结果按被引次数排序。

2）实施检索策略

（1）登录网址 www.cnki.net，访问 CNKI 首页，如图 3-1-5 所示。

图 3-1-5　CNKI 首页

（2）单击图 3-1-5 链接，打开《中国学术期刊（网络版）》，选择"高级检索"方式，参见图 3-1-6。

(3) 输入检索提问式，按检索要求，设定时间，参见图 3-1-6。
(4) 单击 检索 按钮，得检索结果 26 篇，如图 3-1-6 所示。

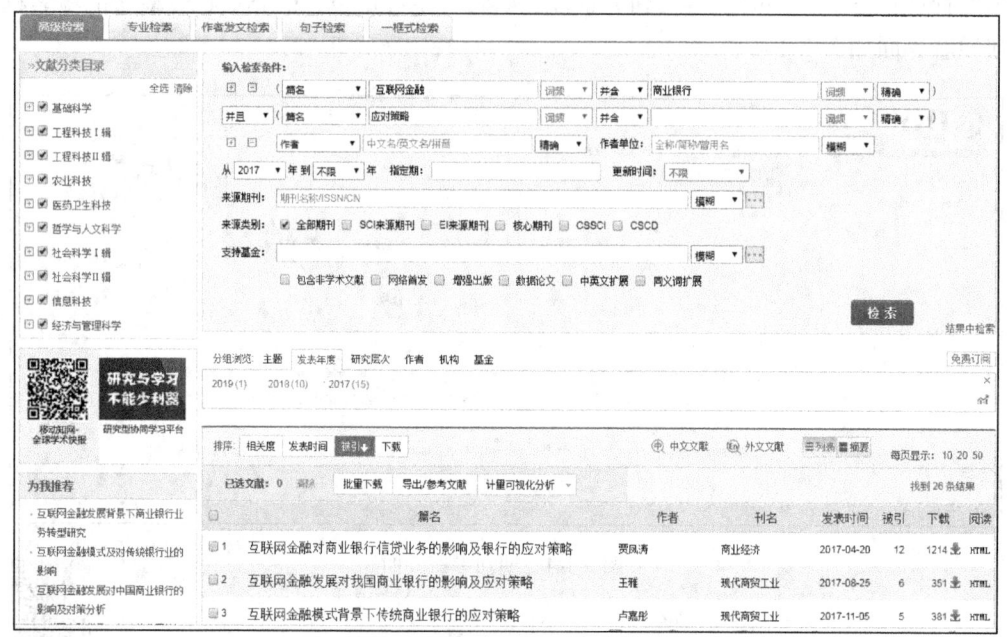

图 3-1-6　高级检索界面——输入检索提问式与检索结果

3) 检索结果处理

(1) 查看论文被引信息。单击图 3-1-6 被引栏的数字，查看该论文的被引信息。

(2) 预览全文。单击篇名后有 图标，预览全文。

(3) 导出保存文摘。①在检索结果页面勾选序号前的复选框，或单击"篇名"左边的复选框，即全选，如图 3-1-7 所示；②单击 导出/参考文献 按钮，弹出输出格式页面（系统默认为 GB/T 7714—2015 格式引文），如图 3-1-8 所示；③单击 查新 引文格式 链接，得文摘，将文摘保存为文本。

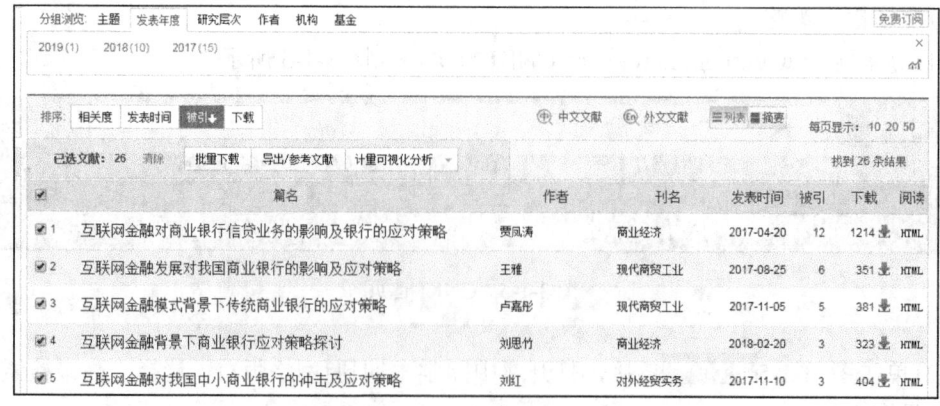

图 3-1-7　检索结果页面

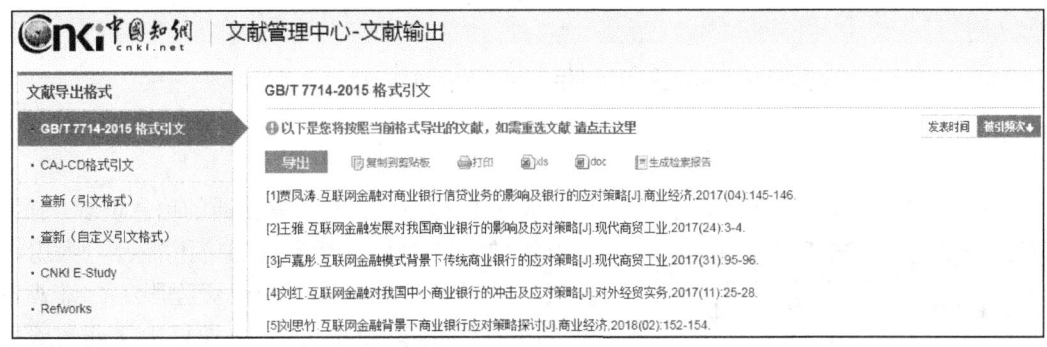

图 3-1-8　输出格式页面

(4) 下载全文。首先下载 CAJ 浏览器，其次在检索结果页面（图 3-1-7）单击篇名后的 图标直接下载 CAJ 格式全文。

(5) 查看知识节点与知识网络信息，下载全文。在检索结果页面（图 3-1-7）单击篇名，如单击第 1 篇篇名，查看知识节点与知识网络信息，订购用户可单击 CAJ下载 按钮或 PDF下载 按钮下载全文，如图 3-1-9 所示。

图 3-1-9　知识节点与知识网络信息及下载页面

3.2 维普资讯

3.2.1 概述

重庆维普资讯有限公司(简称维普资讯)成立于 1995 年,以丰富优质的信息资源、强大高效的技术能力和灵活多变的应用平台,为用户提供科学研究和实践应用的全流程服务,维普资讯资源类型如图 3-2-1 所示。下面以中文期刊服务平台为典型代表,介绍其使用方法。

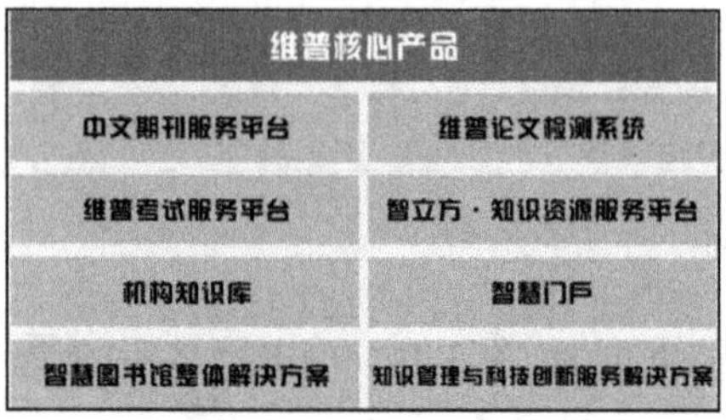

图 3-2-1 维普资讯资源类型

3.2.2 中文期刊服务平台

中文期刊服务平台是以中文期刊资源保障为核心基础,以数据检索应用为基础,以数据挖掘与分析为特色,面向教、学、产、研等多场景应用的期刊大数据服务平台。收录自 1989 年至今出版的期刊,部分期刊回溯至创刊年,期刊总量为 14600 余种,其中现刊为 9456 种,文献总量为 6600 余万篇。分为社会科学、经济管理、图书情报、教育科学、自然科学、医药卫生、农业科学、工程技术 8 个专辑,35 个学科大类,457 个学科小类。网址为 http://lib.cqvip.com 或 http://qikan.cqvip.com,所有用户可免费检索并获取题录、文摘信息,主页如图 3-2-2 所示。

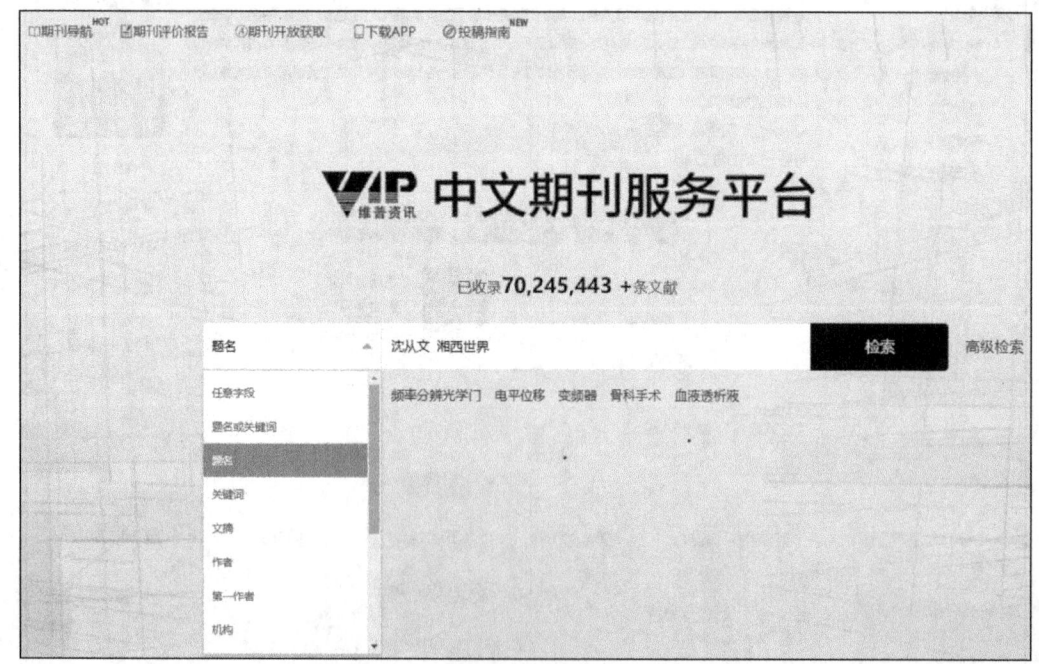

图 3-2-2 中文期刊服务平台主页

1. 检索方式及检索方法

如图 3-2-2 所示，中文期刊服务平台提供基本检索、高级检索、期刊导航与期刊评价报告 4 种检索方式。

1) 基本检索

这是系统默认的检索方式，检索框中输入的所有字符均视为检索词，不支持任何逻辑运算，可对检索字段进行选择，检索式的输入参见图 3-2-2。

2) 高级检索

检索框之间的布尔逻辑算符使用下拉菜单选择"与"、"或"、"非"，能满足多维概念检索的需求。检索框内支持"与"（AND）、"或"（OR）、"非"（NOT）逻辑运算，逻辑运算符 AND、OR、NOT 必须大写，精确检索请使用检索框后方的"精确"选项，检索方法参见检索实例。

3) 期刊导航

提供期刊学科分类导航、核心期刊导航、国内外数据库收录导航、地区导航与主题导航 5 种导航方式，提供刊名检索和按刊名首字母浏览方式。期刊导航页面如图 3-2-3 所示。可检索有关期刊概述、学术成果年代分布统计、主要发文学者分析、主要发文机构分析、主要发文主题分析、相关期刊分析、主要发文领域分析、主要发文资助分析与期刊评价报告等信息。

图 3-2-3　期刊导航页面

4) 期刊评价报告

提供按学科、按地区查找和以刊名直接查询期刊评价信息，如图 3-2-4 所示。在直接查找框输入刊名"人工智能",期刊评价报告如图3-2-5所示。

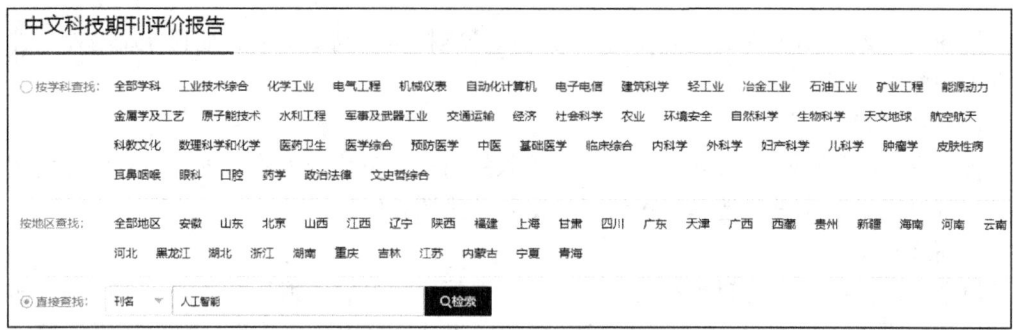

图 3-2-4　中文科技期刊评价报告页面

图 3-2-5　《人工智能》期刊评价报告页面

2. 检索实例

检索课题：中小企业融资问题及对策
1) 制定检索策略
(1) 分析课题,选择检索词。
中小企业;融资;对策

(2) 使用相关检索技术，构造检索提问式。

中小企业/题名 与 融资/题名 与 对策/题名

(3) 检索要求：①期刊范围为核心期刊；②学科不限；③时间为 2018 年至今；④按发表时间排序。

2) 实施检索策略

(1) 登录网址 http://lib.cqvip.com，访问中文期刊服务平台，打开高级检索界面。

(2) 输入检索提问式，按检索要求设置检索条件，如图 3-2-6 所示。

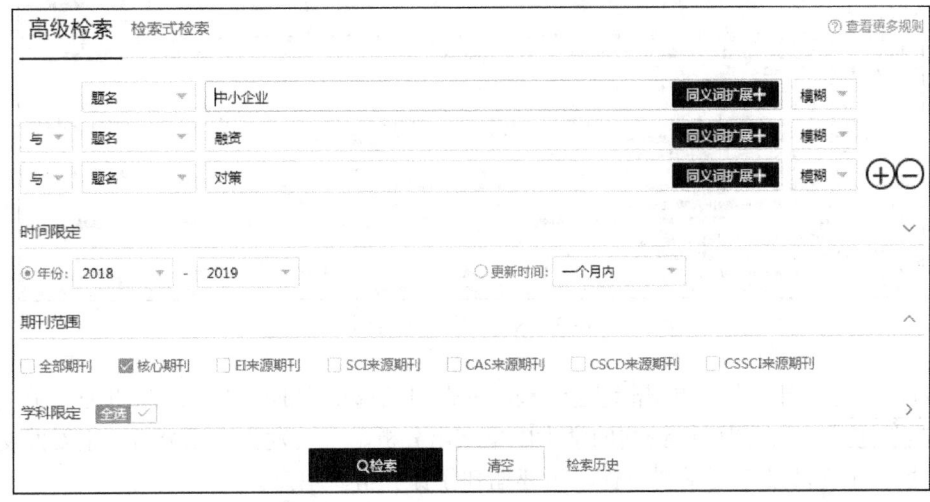

图 3-2-6　高级检索界面——输入检索提问式

(3) 单击 Q检索 按钮，得检索结果 6 篇，如图 3-2-7 所示。

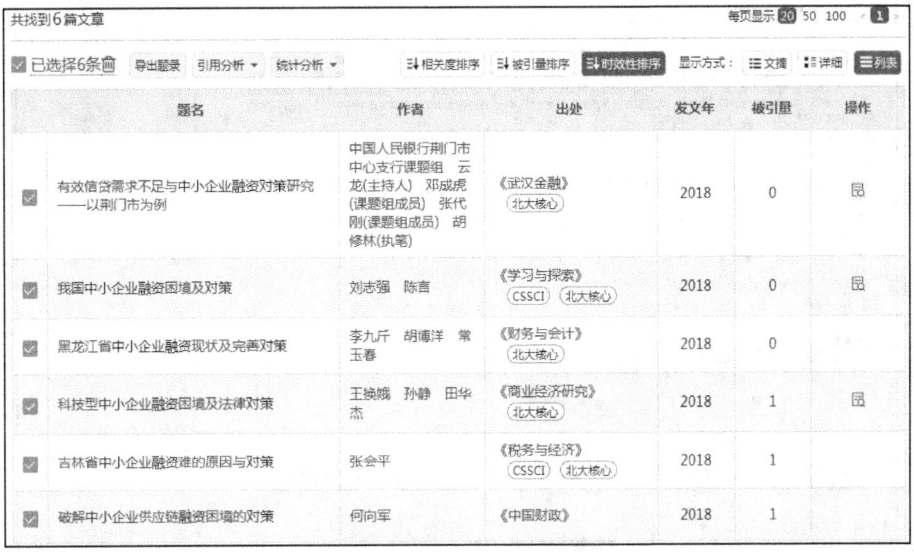

题名	作者	出处	发文年	被引量	操作
有效信贷需求不足与中小企业融资对策研究——以荆门市为例	中国人民银行荆门市中心支行课题组　云龙(主持人)　邓成虎(课题组成员)　张代刚(课题组成员)　胡修林(执笔)	《武汉金融》 北大核心	2018	0	
我国中小企业融资困境及对策	刘志强　陈言	《学习与探索》 CSSCI 北大核心	2018	0	
黑龙江省中小企业融资现状及完善对策	李九斤　胡博洋　常玉春	《财务与会计》 北大核心	2018	0	
科技型中小企业融资困境及法律对策	王焕娥　孙静　田华杰	《商业经济研究》 北大核心	2018	1	
吉林省中小企业融资难的原因与对策	张会平	《税务与经济》 CSSCI 北大核心	2018	1	
破解中小企业供应链融资困境的对策	何向军	《中国财政》	2018	1	

图 3-2-7　检索结果

3)检索结果处理

(1)导出题录。勾选或全选题名前的复选框,参见图3-2-7,单击 链接,弹出导出题录页面,如图3-2-8所示。单击 导出 链接保存题录。

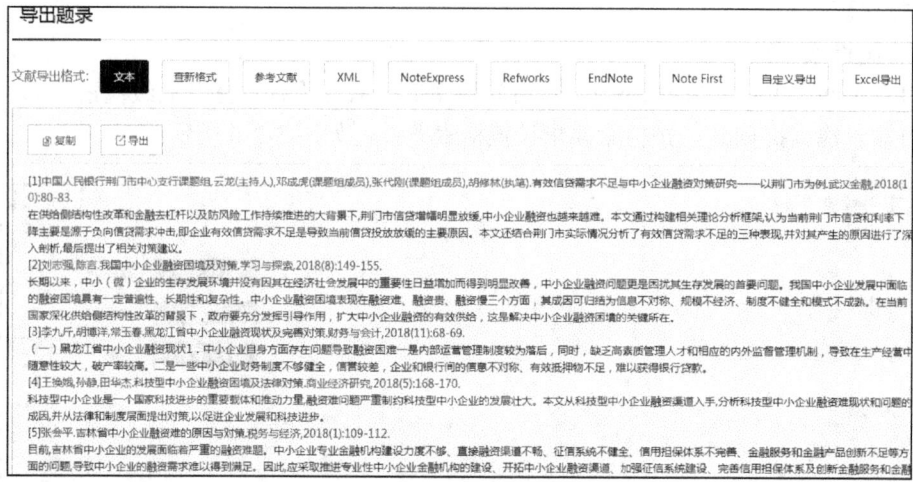

图3-2-8 导出题录页面

(2)引用与统计分析。单击 引用分析 ,可查阅已选论文的参考文献与引证文献信息;单击 统计分析 ,可查阅已选论文的学术成果产出分析、主要发文人物分析、主要发文机构统计分析、论文涉及主要学科统计、主要期刊统计分析等信息。

(3)阅读或下载全文。选择第2篇,单击论文题名,弹出阅读、下载页面。订购用户单击 下载PDF 按钮下载全文,非订购用户单击 在线阅读 按钮可用其他方式下载全文,如图3-2-9所示。

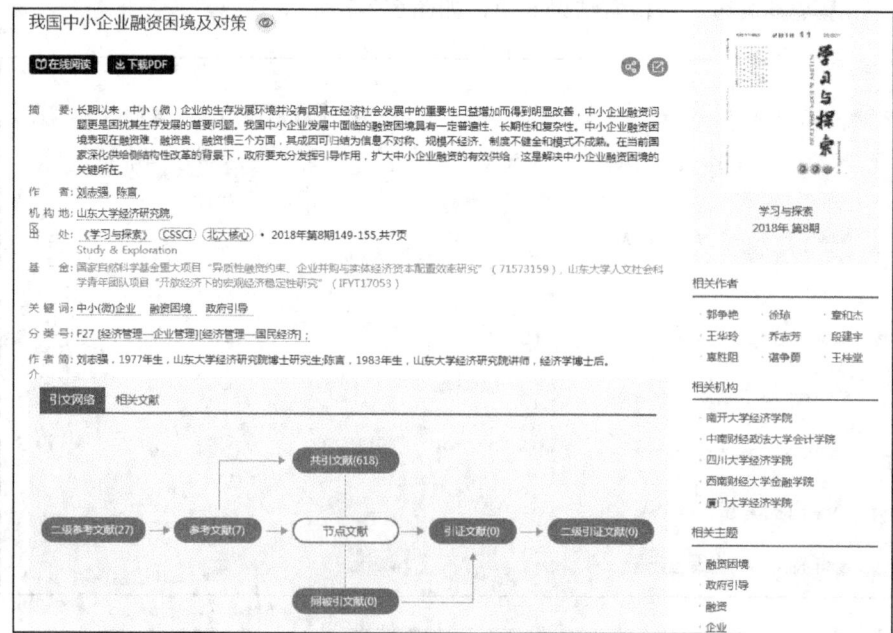

图3-2-9 阅读、下载页面

3.3 万方数据知识服务平台

3.3.1 概述

万方数据知识服务平台是以科技信息为主，集经济、金融、社会、人文信息为一体的知识服务平台，有期刊论文、学位论文、会议论文、专利、标准、成果、法规等多种资源，并通过统一平台实现了跨库检索服务，所有用户可免费检索并获取题录、文摘信息，网址为 http://www.wanfangdata.com.cn，主页如图 3-3-1 所示。

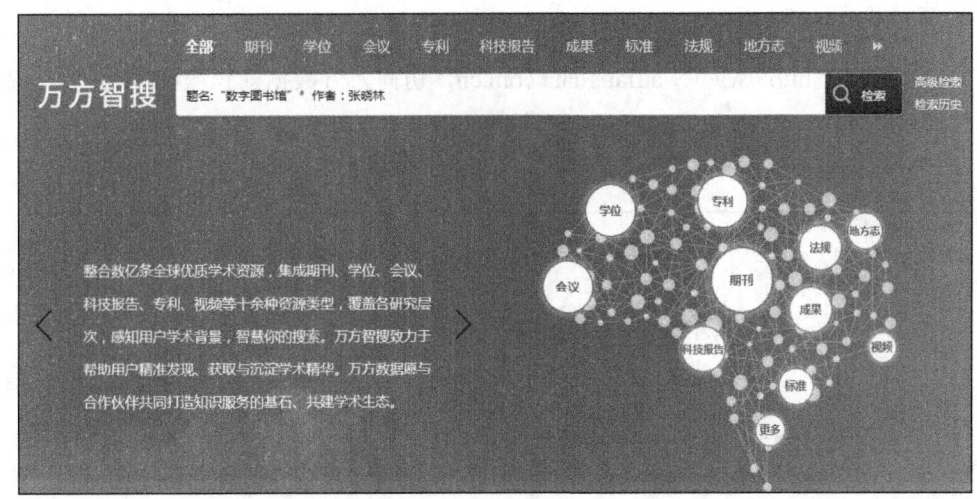

图 3-3-1　万方数据知识服务平台主页及基本检索界面

3.3.2 检索方式及检索方法

如图 3-3-1 所示，万方数据知识服务平台主要提供了基本检索和高级检索 2 种方式。

1. 基本检索

基本检索为默认的检索方式，可以选择" "(双引号)进行精确匹配的限定，同时可以使用括号及布尔逻辑算符构建检索表达式，参见图 3-3-1。

2. 高级检索

单击图 3-3-1 中 高级检索 链接，打开高级检索界面，参见图 3-3-2，分高级检索、专业检索 2 种方式。高级检索是默认的方式，可对文献类型、检索字段、发表时间进行选择限制，检索方法参见检索实例。

3.3.3 检索实例

检索课题：混凝土结构与抗震性能研究

1. 制定检索策略

(1) 分析课题，选择检索词。
混凝土结构；抗震性能
(2) 使用相关检索技术，构造检索提问式。
混凝土结构/题名 与 抗震性能/题名
(3) 检索要求：①时间为 2016 年至今；②文献类型为期刊论文、学位论文和会议论文；③按发表时间排序。

2. 实施检索策略

(1) 登录网址 http://www.wanfangdata.com.cn，访问万方数据知识服务平台，打开高级检索界面。
(2) 输入检索提问式，按要求设定检索条件，如图 3-3-2 所示。

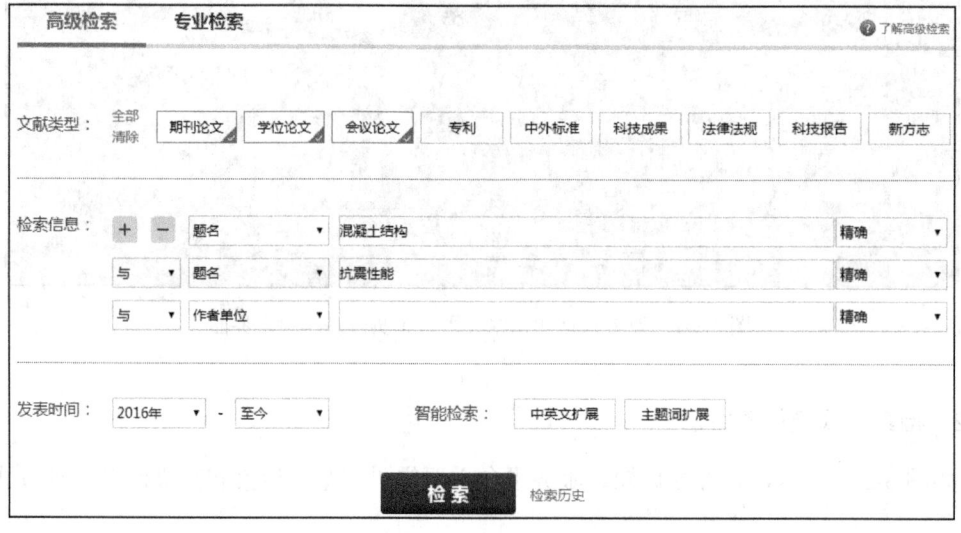

图 3-3-2　高级检索界面——输入检索提问式

(3) 单击 检索 按钮，得检索结果 32 篇，如图 3-3-3 所示。

3. 检索结果处理

(1) 批量导出参考文献格式与摘要。勾选题名前的复选框或单击 全选 链接，单击 批量导出 链接，参见图 3-3-3，导出参考文献格式，如图 3-3-4 所示；单击 查新格式 链接，导出摘要，如图 3-3-5 所示。
(2) 阅读、下载全文。订购用户可在线阅读、下载全文，非订购用户可采用其他付费方式阅读、下载全文。

第 3 章　国内网络数据库信息的检索

图 3-3-3　检索结果页面

图 3-3-4　参考文献格式页面

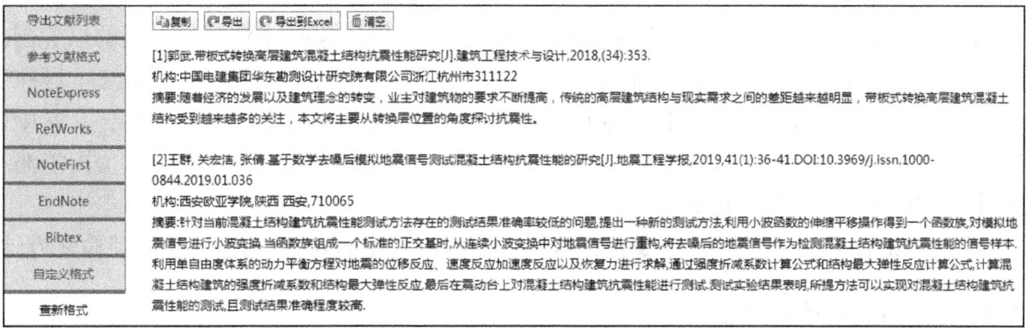

图 3-3-5　查新格式页面（导出摘要）

第 4 章　国外网络数据库信息的检索（综合-文摘型）

4.1　Ei Village

4.1.1　概述

Ei Village 是揭示世界工程技术及其相关领域学科信息的大型检索平台，包含的数据库主要有以下几种。

1. Compendex

Compendex 数据库源自著名的美国《工程索引》（Engineering Index，EI），创刊于 1884 年，由美国工程信息公司（Engineering Information Inc）编辑出版，是目前世界最全面的工程类文摘数据库之一，收录了 1884 年至今的 190 多个学科的 6000 余种工程类期刊、会议文集和技术报告的摘要。学科涵盖核技术、生物工程、运输、化学和过程工程、光学科技、农业工程和食品技术、计算机和数据处理、应用物理、电子和通信、控制、土木、机械、建材、石油、航空、汽车等领域。数据库每周更新。

2. INSPEC

INSPEC 数据库源自于英国《科学文摘》（Science Abstracts，SA），收录了 4200 多种科技期刊、2000 多种会议论文集及 1000 种其他出版物的文摘信息。学科涵盖物理、电子电机工程、计算机与控制工程、信息技术、机械与制造工程、材料科学、核能工程、生物医学工程、纳米生物技术、环境与工程、航空航天工程、人工智能、动力与能源、雷达、通信、地球物理、生物物理、海洋等领域，还可通过 ISI 平台检索。数据库每周更新。

3. NTIS

NTIS（National Technical Information Service）是美国国家技术情报局出版的以美国政府立项研究的报告为主的数据库。收录 1964 年以来美国能源部、国防部、内政部、国家航空航天局、国家环境保护局等国家、州及地方政府部门立项研究完成的项目报告，其中以 PB（美国民用技术报告）、AD（美国军事报告）、NASA（美国宇航报告）、DOE（美国能源报告）四大报告著称。数据库每周更新。

此外，Ei Village 平台上还有专利数据库。下面以 Compendex 为例，介绍其检索方法。

4.1.2　检索方式及检索方法

Compendex 提供快速检索、专家检索、叙词检索 3 种方式，如图 4-1-1 所示。

1. 快速检索(Quick search)

快速检索是系统默认的检索方式，且默认在一个检索框状态，单击检索框下方的 Add search field 链接可增加检索框，以实现不同字段的检索。检索界面如图 4-1-1 所示。

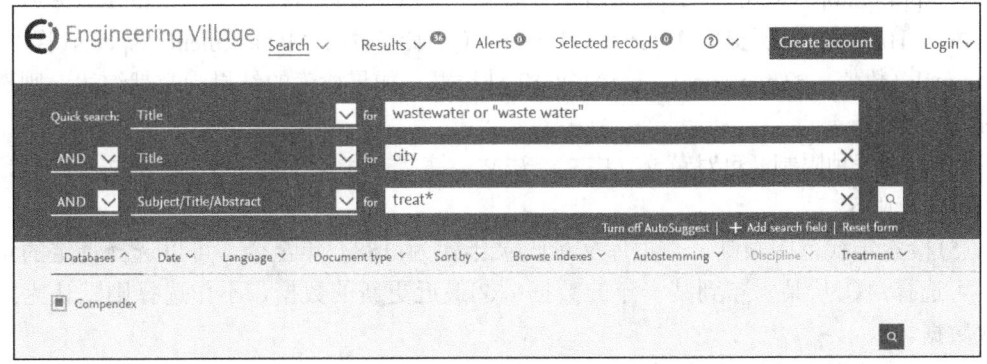

图 4-1-1 快速检索界面及检索方式

1)检索提问式的输入

在一个检索框输入的检索提问式可以是一个检索词，也可以是多个检索词。如果是多个检索词，词与词之间可用布尔逻辑算符 AND、OR、NOT 或词位算符 NEAR、ONEAR 组配，检索框之间的布尔逻辑算符使用下拉菜单选定。检索词若是复合词或词组，应加双引号表示整体，可提高查准率，如复合词 " waste water "、词组 " pollution of air "，参见图 4-1-1。

2)截词的处理

有自动截词与使用截词符处理两种。

(1)自动截词。在快速检索中，自动截词功能系统默认为打开。自动截词是指自动检索以输入词词根为基础的所有派生词(作者字段除外)。例如，输入 management，可检索 managing、managed、manager、manage 等词的信息。

(2)使用截词符。截词符有"*"和"？"。"*"为无限截词符，例如，输入 treat*，可检索包含 treat、treated、treating、treatment、treatments 等词的信息；"？"为有限截词符，参见图 4-1-1。

3)限制检索(使用下拉菜单选择)

检索窗口左方及下方提供 Title(字段)、Databases(数据库)、Date(检索年代范围)、Language(原文语种)、Document type(文献类型)、Sort by(检索结果排序)、Autostemming(自动截词)、Discipline(学科)、Treatment(文献处理类型)等限制检索条件供选择。

(1)字段限制。限制检索词在指定字段检索。检索框右侧的下拉菜单中提供 TI(标题)、AB(文摘)、CV(控制词)、Subject/Title/Abstract(主题/标题/文摘)、AU(作者)、AF(作者单位)、CL(分类码)、ST(出版物名称)、ALL(所有字段)等 20 个字段供选择。

(2)文献类型限制。文献类型是指所检索的文献源自出版物的类型，有 Journal Article(期刊论文)、Conference Article(会议论文)、Monograph Chapter(专题论文)、Monograph Review

(专题综述)、Report Chapter（专题报告）、Report Review（综述报告）、Dissertation（学位论文）等 14 种类型。如果不加限定，系统默认在 All document types（所有文献类型）中检索。如果要检索期刊论文，则选定 Journal Article。

(3) 文献处理类型限制。文献处理类型是用来说明文献的研究方法及所探讨主题的类型。有 Applications（应用）、Experimental（实验）、Economic（经济）、General Review（一般性综述）、Historical（历史）、Literature Review（文献综述）、Management Aspects（管理）、Numerical（数值）、Theoretical（理论）等 12 种类型。如果检索的结果为文献综述，则选定 Literature Review。

(4) 原文语种限制。可对英文、中文、法文、德文、意大利文、日文、俄文和西班牙文等语种进行限定。

(5) 检索年代范围限制。数据库文献收录年代为 1884 年至今，可以选择特定的年代段，可选择：①从某一年到某一年的数据；②最近更新的数据，不作选择则默认为所有年代数据。

(6) 检索结果排序限制。检索结果显示有按相关度排序和按时间排序两种，系统默认按相关度排序，即相关的文献排在前面，按时间排序则是新的文献排在前面。

2. 专家检索（Expert search）

专家检索用于较复杂的逻辑运算，适合有一定检索经验的专业人员。检索式的输入方式为"检索词 WN 字段代码"，如果未给出字段代码，则默认在所有字段中检索（字段代码表在检索框的下方）。截词处理、年代限制与快速检索相同。图 4-1-2 为专家检索界面及检索式输入。

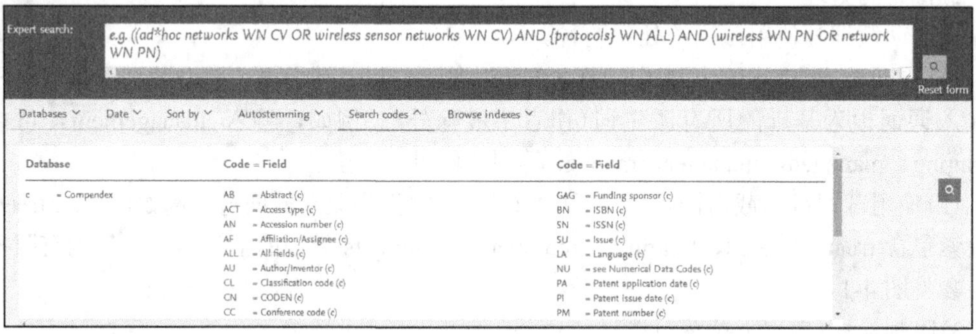

图 4-1-2 专家检索界面及检索式输入

3. 叙词检索（Thesaurus）

叙词是经过规范化处理的主题词，可达到词和概念的一一对应，提高查全率和查准率。采用叙词检索方式时，可利用叙词表来确定检索词，检索方法如下。

(1) 打开图 4-1-1 上方的 Search 下拉菜单，选择 Thesaurus search 选项，进入叙词词表选择界面。叙词检索提供词汇检索（Vocabulary search）、精确检索（Exact term）、浏览检索（Browse）3 种打开叙词表的方式，如图 4-1-3 所示。

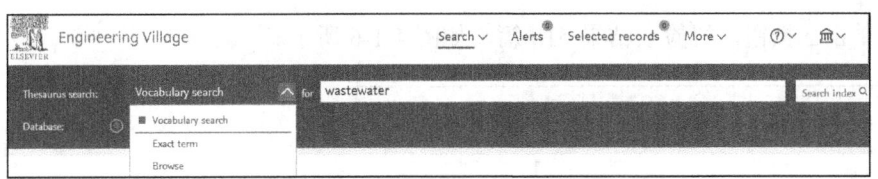

图 4-1-3　叙词词表选择界面

(2) 在图 4-1-3 所示的检索框中输入检索词 wastewater，选择 Vocabulary search 方式，单击 Search index 按钮，打开叙词检索界面，如图 4-1-4 所示。叙词检索界面由叙词表和检索区两部分组成，在叙词表选择叙词后，叙词自动粘贴到检索区内的检索框中，布尔逻辑组配系统默认逻辑或方式。再进行文献类型、语种、年代等的限制，单击 按钮即可。

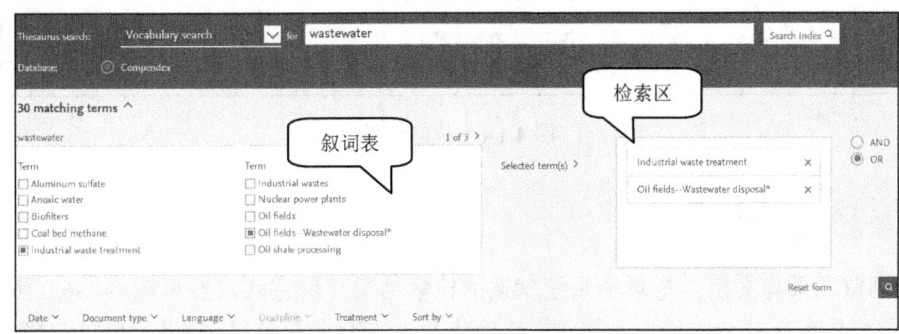

图 4-1-4　叙词检索界面

4.1.3　检索实例

检索课题：移动机器人导航(mobile robot navigation)

1. 制定检索策略

(1) 分析课题，选择检索词。

移动机器人—mobile robot ；导航—navigation

(2) 检索要求：文献类型不限；语种不限；时间限制在 2015～2020 年。

(3) 使用相关检索技术，构造检索提问式。

[mobile robot and navigation]/ti

2. 实施检索策略

(1) 登录 Ei Village，打开快速检索方式。

(2) 输入检索提问式，按检索要求设定文献类型及时间，如图 4-1-5 所示。

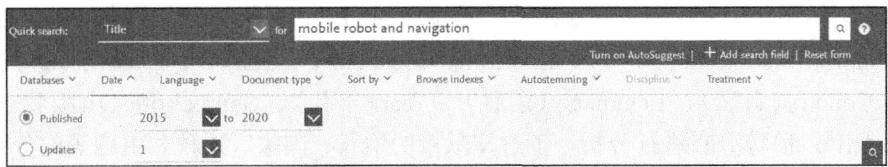

图 4-1-5　输入检索提问式

(3)单击按钮,得检索结果 516 篇,如图 4-1-6 所示。

图 4-1-6　检索结果

3. 检索结果处理

(1)浏览题录与文摘。题录是系统默认的检索结果显示方式,参见图 4-1-6。浏览题录后,根据需求单击 Show preview(摘要)链接或 Detailed(全记录)链接进行单篇文摘的阅读。

(2)保存检索结果。保存题录或文摘有电子邮件、打印、下载 3 种方式,参见图 4-1-6 上方。方法如下:选择标题前的复选框→选择保存方式→保存。若选择下载方式,有 7 种下载格式,如图 4-1-7 所示,建议选择第 3 种格式 Text(ASCII)下载。

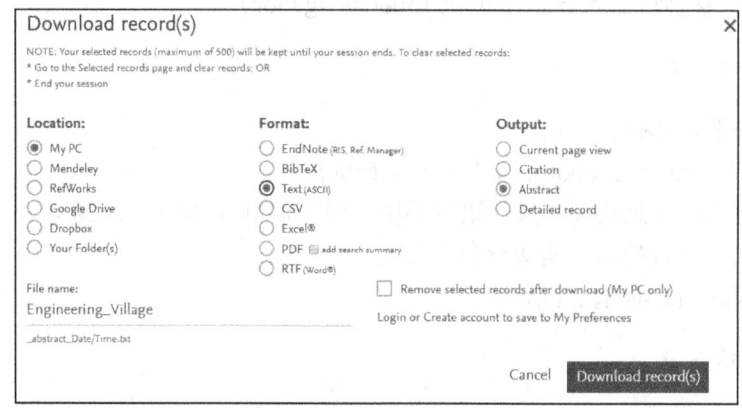

图 4-1-7　下载格式选择

(3)检索结果分析。在题录左侧对检索结果中的 Document type(文献类型)、Author(作者)、Author affiliation(作者单位)、Controlled vocabulary(受控词)、Classification code(分类码)、Country(国家)、Language(语种)、Year(年代)、Source title(出版物名称)、Publisher(出版商)等分布进行分析,了解文献量的增长、国家、语种、主题等的分布信息。本例年代分布、国家分布与语种分布分析结果如图 4-1-8~图 4-1-10 所示。

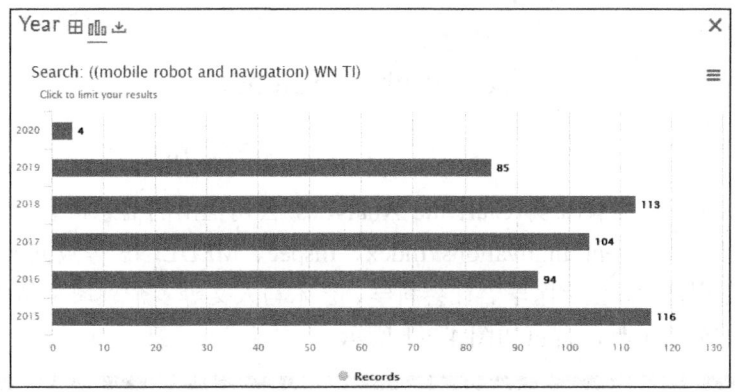

图 4-1-8　年代分布分析结果

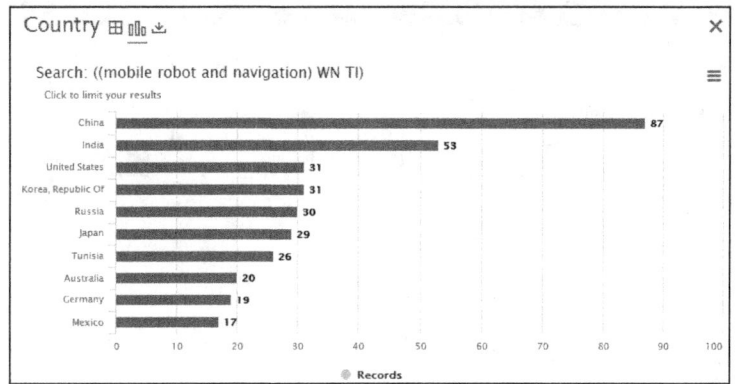

图 4-1-9　国家分布分析结果

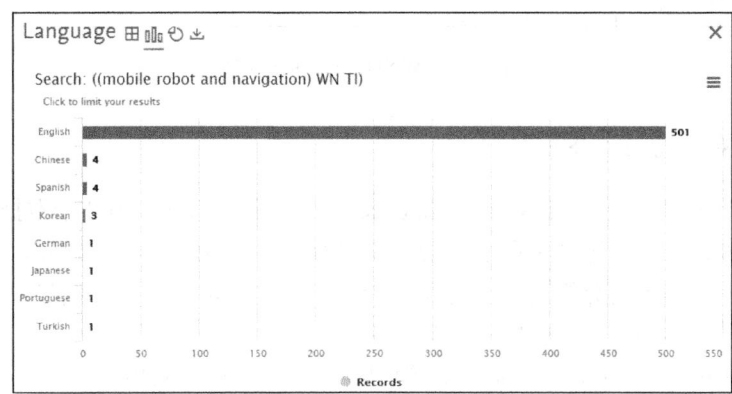

图 4-1-10　语种分布分析结果

4. 获取全文

Compendex 是文摘数据库，不提供全文。若用户所在单位已购买含该篇论文的电子全文数据库，则可通过单击 Full text 链接到相应的全文数据库中获取该篇论文的电子全文。如果没有 Full text 链接，可以通过原文出处(Source)查找本单位或外单位收藏的纸质全文或电子全文。

4.2　Web of Science

4.2.1　概述

Web of Science 是科睿唯安(Clarivate Analytics)公司推出的信息检索平台，由 Web of Science 核心合集、Derwent Innovations Index、Inspec、MEDLINE 等数据库组成，可以检索自然科学、工程技术、生物医学、社会科学、艺术与人文等多个领域高品质的学术信息，并提供强有力的分析工具，首页如图 4-2-1 所示。

图 4-2-1　Web of Science 首页

1. Web of Science 核心合集

Web of Science 核心合集是 Web of Science 的主要组成部分，由 8 个数据库组成：6 个引文索引库，收录并索引论文中所引用的参考文献，可以从一篇论文出发，寻根溯源，追踪最新进展，利用强大的分析工具，可快速分析相关文献，概览研究趋势；2 个化学库，可以创建化学结构图来查找化合物和化学反应。

1)Science Citation Index Expanded(科学引文索引扩展版，SCIE)

SCIE 现收录自然科学期刊 9186 种，学科涵盖农业、天文学、生物化学、生物学、生物工艺学、化学、计算机科学、材料科学、数学、内科学、神经系统科学、肿瘤学、小儿科、药理学、物理、植物学、精神病学、外科学等领域。

2)Social Sciences Citation Index(社会科学引文索引，SSCI)

SSCI 现收录社会科学期刊 3404 种，学科涵盖人类学、历史、行业关系、信息科学和图书馆科学、法律、语言学、哲学、心理学、精神病学、政治学、公共卫生学、社会问题、社会工作、社会学、药物滥用、城市研究、女性研究等领域。

3) Arts & Humanities Citation Index（艺术与人文引文索引，A&HCI）

A&HCI 现收录艺术和人文期刊 1828 种，学科涵盖考古学、建筑学、艺术、亚洲研究、古典文学、舞蹈、民间传说、历史、语种、语言学、文学、音乐、哲学、诗歌、广播、电视和电影、宗教和戏剧等领域。

4) Conference Proceedings Citation Index-Science（科技会议录引文索引，CPCI-S）

CPCI-S 几乎涵盖了科技领域的会议录，是科学信息研究所(Institute for Scientific Information，ISI)著名的学术会议录文献索引 Index to Scientific & Technical Proceedings（科技会议录索引，ISTP）的 Web 版。

5) Conference Proceedings Citation Index-Social Sciences & Humanities（社会科学与人文会议录引文索引，CPCI-SSH）

CPCI-SSH 几乎涵盖了社会科学、艺术及人文科学领域的会议录文献。

6) Emerging Sources Citation Index（新学科引文索引，ESCI）

ESCI 收选了 200 多个新兴学科的 7000 余种期刊的引文数据。

7) Index Chemicus（化学索引，IC）

IC 是有关生物活性化合物和天然产物最新信息的重要来源，收录来自国际一流期刊所报道的最新有机化合物的结构和关键支持数据，许多记录显示了从原始材料到最终产物的反应流程。支持结构式检索，结果包括用结构图形式表示的化合物、重要的反应图示、完整的书目信息和作者文摘等。

8) Current Chemical Reactions（最新化学反应，CCR）

CCR 收录 39 个发行机构的期刊和专利中的全新单步与多步合成方法。每种方法都提供总体反应流程以及每个反应步骤详细、准确的示意图。数据库除提供题名、关键词等常规的检索字段外，还可以用反应式、结构式等进行检索。检索结果包括完整的反应图示、重要的反应条件、生物数据和作者文摘。利用 CCR 可以了解最新的化学合成、药物合成和化合物及其生物活性方面的信息。

2. Derwent Innovations Index（德温特发明索引，DII）

DII 是以德温特世界专利索引(Derwent World Patent Index，DWPI)和专利引文索引(Patents Citation Index，PCI)为基础构建的专利信息和专利引文信息数据库，收录来自全球 50 余个专利机构、涵盖 100 多个国家的专利信息，是世界上最大的专利信息数据库。

3. INSPEC

INSPEC(Information Service in Physics，Electro-Technology，Computer and Control，物理、电子技术、计算机和控制信息服务)收录了 80 个国家出版的 4200 多种科技期刊、2000 多种会议论文集以及 1000 种其他出版物的文摘信息。学科涵盖物理、电子电机工程、计算机与控制工程、信息技术、机械与制造工程、材料科学、核能工程、生物医学工程、纳米生物技术、环境与工程、航空航天工程、人工智能、动力与能源、雷达、通信、地球物理、生物物理、海洋等领域，还可通过 Ei Village 平台检索。

4. MEDLINE(生物医学)

MEDLINE 包含生命科学领域的 1200 多万条期刊论文，涉及的学科类别除护理学、牙科学、兽医学、药理学、健康相关学科和临床前科学外，还包括生物学、环境科学、海洋生物学、植物和动物科学以及生物物理学和化学的某些方面内容。从 2000 年开始，生命科学的涵盖范围得到扩展，到 2001 年底，以前包括在单独的 NLM 专业数据库中的多数引文均已添加到了 MEDLINE 中，还可通过 Ovid、SciFinder 平台检索。

5. Journal of Citation Reports(期刊引证报告，JCR)

JCR 依据 Web of Science 中的引文数据，对 12300 种学术期刊进行客观、系统的评估，并以定量的方式分析学术期刊，可通过这些分析数据了解某种学术期刊在相应研究领域中的影响力。在 JCR 指标中，期刊影响因子(JIF)是评价期刊质量的重要指标，引用量反映了期刊的影响程度，发文量则是期刊规模的标志。JCR 不仅可按照学科范畴、出版社、国家或地区浏览期刊，还可从刊名全称、缩写刊名、刊名关键词及 ISSN 检索被 SCIE 或 SSCI 收录的期刊，可以浏览某种期刊近 5 年的影响因子变化趋势图，从而了解该期刊影响力的变化情况。

4.2.2 跨库检索

跨库检索是 Web of Science 默认的检索界面，使用一个检索提问式可检索多个数据库中的信息，跨库检索界面如图 4-2-2 所示，检索步骤如下(单库检索参见 4.2.3 节和 4.2.4 节)。

(1)检索词或检索提问式的输入。检索框内可输入单个检索词或检索提问式，检索词可用截词符(*、? 、$)、精确短语符号(" ")等进行处理，检索框之间用布尔逻辑组配，如图 4-2-2 所示。

(2)使用下拉菜单进行字段限制。

(3)单击 检索 按钮，跨库检索结果如图 4-2-3 所示。

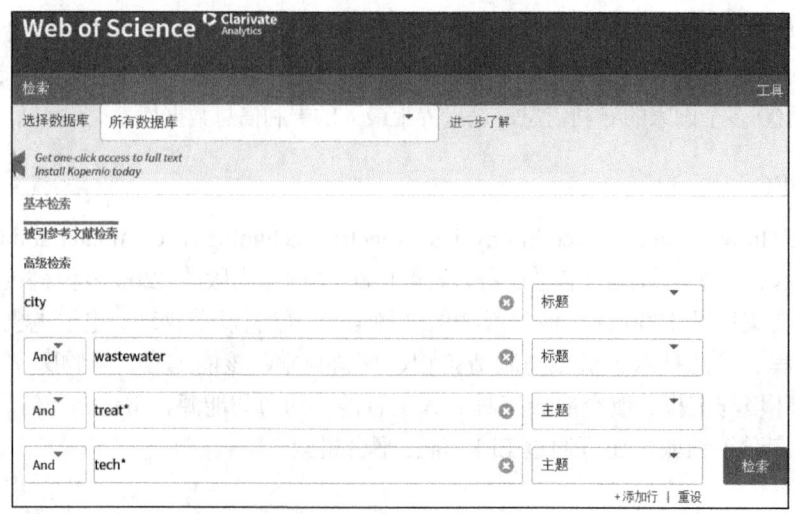

图 4-2-2 跨库检索界面——输入检索提问式

第 4 章　国外网络数据库信息的检索(综合-文摘型)　　53

图 4-2-3　跨库检索结果

4.2.3　Web of Science 核心合集

1. 检索方式

Web of Science 核心合集提供了基本检索、被引参考文献检索、高级检索、作者检索、化学结构检索 5 种检索方式，主页如图 4-2-4 所示。

图 4-2-4　Web of Science 核心合集主页

2. 限制方式

(1)时间限制。在时间跨度下利用下拉菜单，可进行年代限制。

(2) 数据库限制。单击图 4-2-4 下方的 更多设置 ，打开子库列表，如图 4-2-5 所示，可根据学科需求，选择一个子库或多个子库。

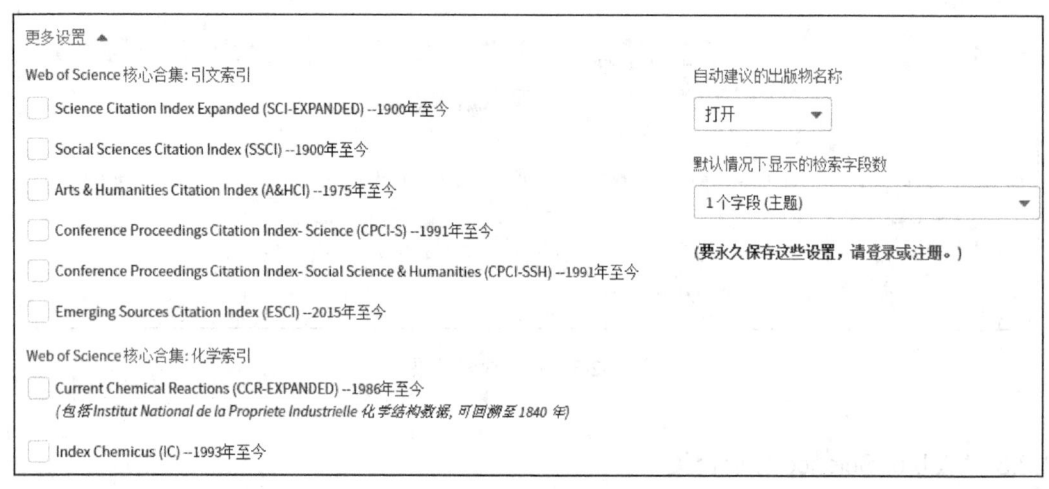

图 4-2-5　Web of Science 核心合集子库列表

(3) 调整检索设置。单击图 4-2-4 下方的 更多设置 ，打开自动建议的出版物名称下拉列表进行词形限制，根据检索要求将词形还原选择在打开或关闭状态，参见图 4-2-5。

(4) 调整检索结果设置。在检索结果页面中，可进行检索结果限制，提供了排序方式、精炼检索结果 2 种设置，参见图 4-2-6。检索结果上方直接给出日期、被引频次、使用次数（2013 年至今）、相关性 4 种排序方式，下拉菜单列出 10 种排序方式。其中，被引频次（降序）、相关性两种为最佳，参见图 4-2-6；精炼检索结果可对检索结果进行二次检索。

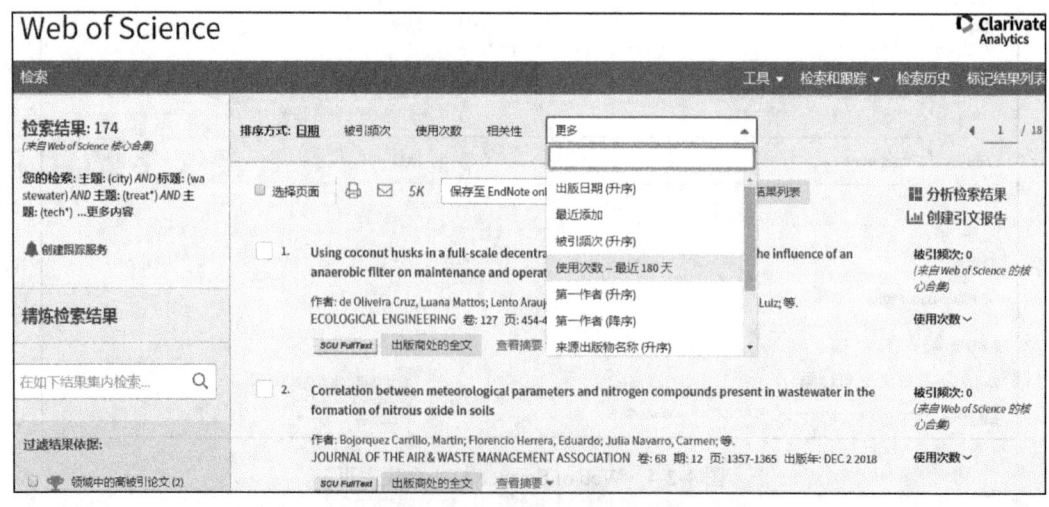

图 4-2-6　调整检索结果设置

3. 检索方法

1) 基本检索(Basic Search)

基本检索是 Web of Science 核心合集默认的检索方式,提供了主题、标题、作者、出版物名称、地址等 18 个字段。检索某一学科或某一课题的相关文献时,选用主题或标题字段;检索某作者被 SCIE 收录的论文时,选用作者字段;若要检索某些机构、大专院校、公司乃至国家和城市论文收录情况,则应选地址字段。检索框之间可用布尔逻辑算符 AND、OR、NOT 进行组配,检索框内的检索词除可用布尔逻辑算符 AND、OR、NOT 进行组配外,还可用词位算符 SAME、NEAR 进行组配,可使用*、?、$对检索词进行截词处理,使用方法见检索实例。

2) 被引参考文献检索(Cited Reference Search)

用于检索某作者、某期刊论文(或著作、专利)发表以来被引用的情况,单击图 4-2-4 上方的 被引参考文献 链接,打开被引参考文献检索界面。该界面为固定列表形式,如图 4-2-7 所示,检索框之间的关系为布尔逻辑与(AND),检索框内的检索词可用布尔逻辑算符 AND、OR、NOT 进行组配,可使用*、?、$对检索词进行截词处理。

图 4-2-7 被引参考文献检索界面

(1) 被引作者检索。在检索框输入被引作者姓名,注意姓在前、名在后,名字要缩写。可单击窗口左下方 从索引中选择 链接,查找被引作者的正确写法。由于名字缩写将会引出同名作者而影响查准率,需要在被引著作字段输入论文的出版物名称加以限定,以提高查准率。

(2) 被引著作检索。单击窗口左下方 从索引中选择 链接,在检索框输入期刊名称缩写,单击"移至"按钮,生成选词列表,在所需期刊名称左侧单击"添加"按钮,期刊名称会自动粘贴至检索页面。也可单击"查看缩写列表"链接,此列表显示作为被引著作的期刊名称缩写。从此列表中复制缩写形式的(黑体字)名称并粘贴到被引参考文献检索页面中的被引著作字段。如果检索著作被引用的情况，则输入书名中第一个或多个有意义的单词，不使用冠词和介词。如果检索某件专利被引用的情况，只输入专利号(不加国别)。

(3)被引年份检索。在检索框直接输入四位数年份(如 2019)，也可以利用 OR 将不连续的年份连接起来(如 2009 OR 2019)，也可用连接符"-"限定时间范围(如 2009-2019)。

3)高级检索(Advanced Search)

单击图 4-2-4 上方的高级检索链接，打开高级检索界面，可使用布尔逻辑算符、位置逻辑算符、截词符和字段标识等进行组配构造检索提问式，检索提问式输入如图 4-2-8 所示，布尔运算符、字段标识参见图 4-2-8 右方，可对原文语种、文献类型等进行限制。

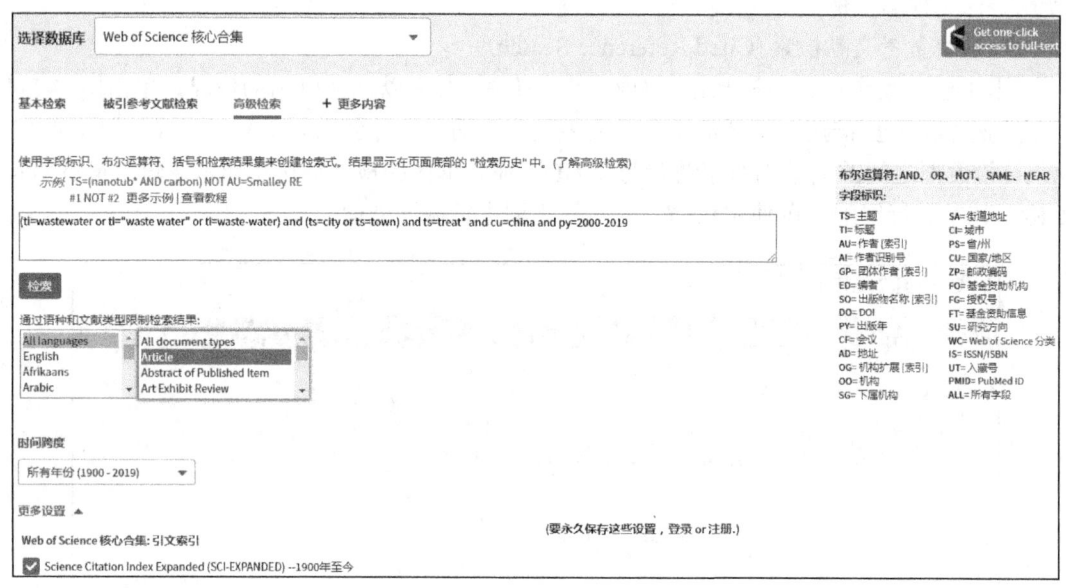

图 4-2-8　高级检索界面

4. 检索实例

检索课题：城市污水生化处理技术

1)制定检索策略

(1)分析课题，选择检索词。

城市——city；污水——"waste water"；污水——wastewater；处理——treatment

(2)使用相关检索技术，构造检索提问式。

标题=city and 标题=("waste water" or wastewater) and 标题=treat*

(3)检索要求：文献类型不限；语种不限；时间不限；按相关度排序。

2)实施检索策略

(1)打开 Web of Science 核心合集基本检索界面。

(2)选择调整检索设置：词形还原为打开。

第4章 国外网络数据库信息的检索（综合-文摘型）

(3) 输入检索提问式。按检索提问式选定布尔逻辑算符与检索字段，如图 4-2-9 所示。
(4) 单击检索按钮，检索结果为 68 条，如图 4-2-10 所示。

图 4-2-9　输入检索提问式

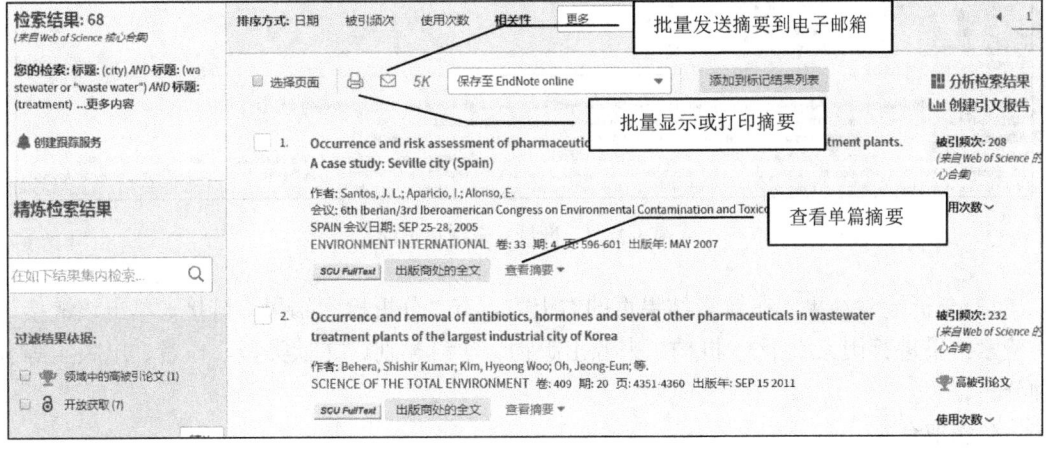

图 4-2-10　检索结果

3) 检索结果处理
(1) 单击查看摘要按钮，显示单篇摘要。
(2) 勾选检索结果标题前的复选框，单击标题上方的✉图标，可发送至指定的电子邮箱。单击标题上方🖨图标，参见图 4-2-10，弹出输出格式表单，在记录内容的下拉列表中选择一项，参见图 4-2-11，单击"打印"按钮，则批量显示结果，如图 4-2-12 所示。

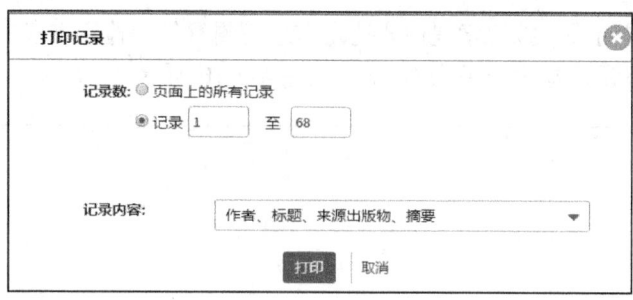

图 4-2-11 输出格式表单

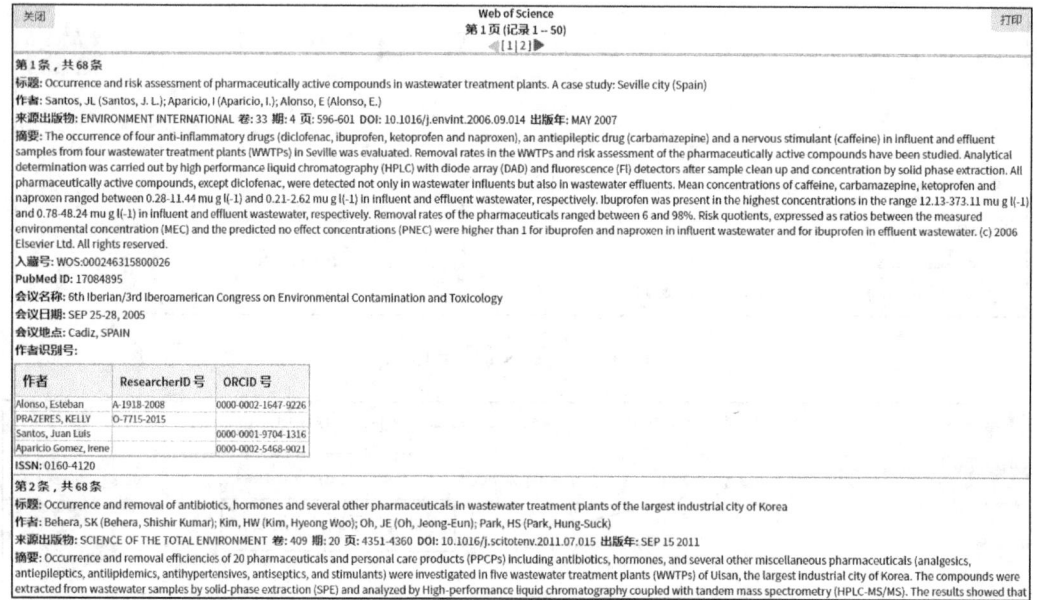

图 4-2-12 批量显示结果页面

(3) 分析检索结果。在检索结果页的右上方，有"分析检索结果"链接，单击该链接可对检索结果进行国家/地区、机构、来源出版物、学科类别、文献类型、作者、出版年等多种分析。

4) 获取全文

Web of Science 是文摘数据库，不提供全文，在检索结果的题录和文摘页面，如有 SCU FullText 链接，说明本单位购买了电子全文，单击该按钮可得到全文；如有 出版商处的全文 链接，可向出版商索要全文，或根据来源出版物项查找馆藏单位。

4.2.4 DII

1. 检索方式

Derwent Innovations Index（DII）主页如图 4-2-13 所示，提供基本检索、被引专利检索、高级检索 3 种方式。

第 4 章　国外网络数据库信息的检索(综合-文摘型)　　59

图 4-2-13　DII 主页

2. 检索限制选择

DII 有时间跨度、引文索引和默认情况下显示的检索字段 3 种检索限制，如图 4-2-14 所示，检索之前可根据需要进行限定。引文索引可单选，也可全选。

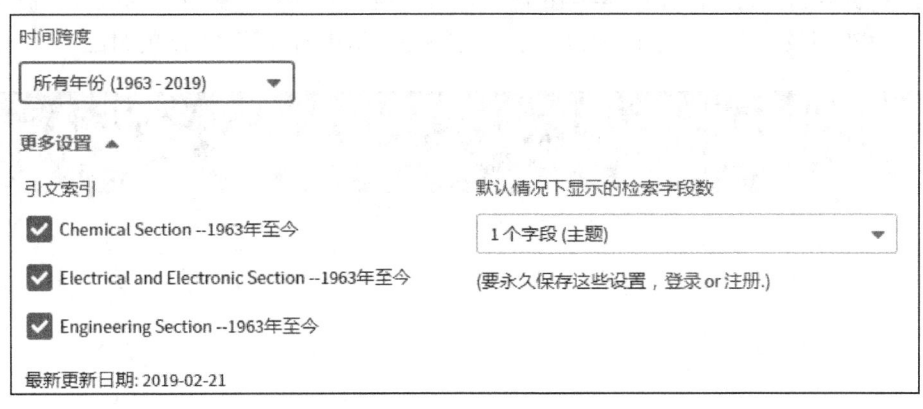

图 4-2-14　检索限制选择

3. 检索方法

1) 基本检索(Basic Search)

DII 基本检索界面如图 4-2-15 所示，提供了主题、标题、发明人、专利号、国际专利分类、德温特分类代码、德温特手工代码等 14 个字段，可使用布尔逻辑算符、位置逻辑算符、截词符等进行组配。

图 4-2-15　DII 基本检索界面

2) 被引专利检索(Cited Patent Search)

DII 被引专利检索界面如图 4-2-16 所示，可从被引专利号、被引专利权人、被引专利权人名称、被引发明人等字段检索，检索框之间为布尔逻辑算符 AND 的组配。

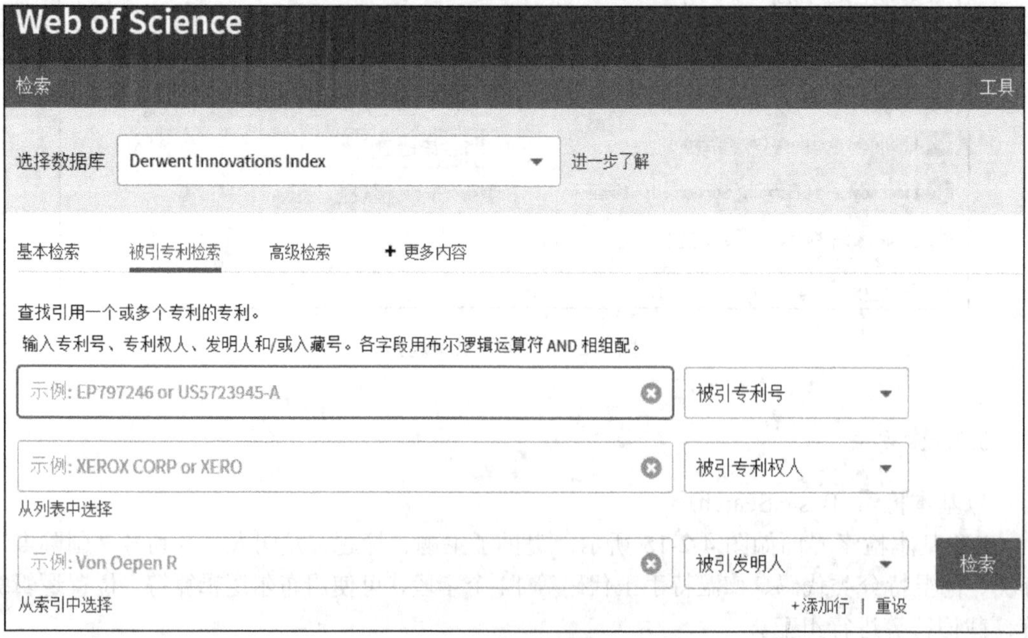

图 4-2-16　DII 被引专利检索界面

3）高级检索（Advanced Search）

与 Web of Science 核心合集的高级检索相同，参见图 4-2-8。

4.2.5 JCR

1. 概况

JCR（Journal Citation Reports）使用的引文数据摘自 60 多个国家和地区的 3300 多家出版商出版的 13000 余种期刊。其中来自 SCIE 的源期刊 8987 种。作为一种分析工具，JCR 可以显示某一领域最常引用的期刊、某一领域最具影响力的期刊、某一领域最热门的期刊、某一领域一流的期刊、某一领域相关的期刊等。JCR 提供期刊评价的主要数据如下：

（1）影响因子（Impact Factor），是国际上通用的评价期刊质量的重要指标。计算公式为当年的影响因子=该刊前两年发表论文被引用的总次数／该刊前两年发表论文总数

（2）论文篇数（Articles），指在某一特定年度该期刊发表的论文总数。

（3）总被引频次（Total Cites），指在某一特定年度该期刊发表的论文被其他期刊论文引用的总数。

2. 检索方式和使用方法

单击 Web of Science 首页顶部的 Journal Citation Reports 链接，即可进入 JCR 主页，参见图 4-2-1。JCR 提供了刊名检索、刊名浏览检索和分类浏览检索 3 种检索方式，如图 4-2-17 所示。

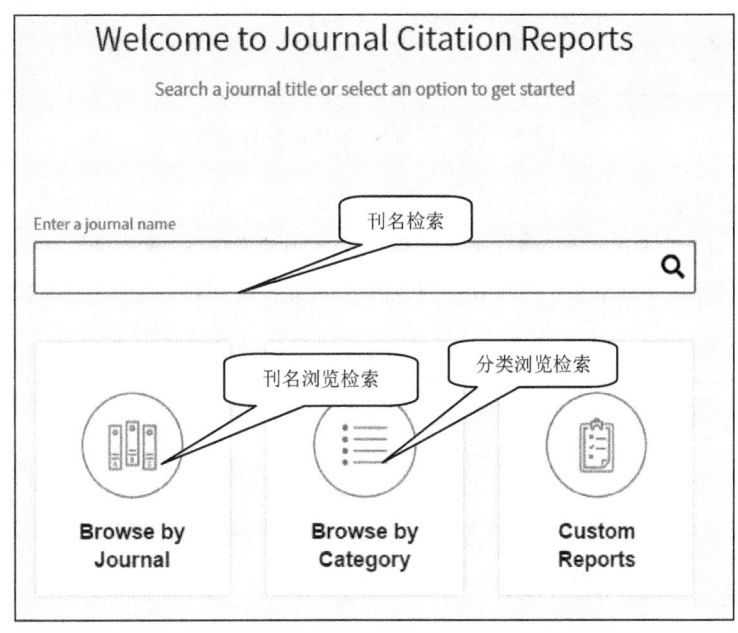

图 4-2-17　JCR 主页

1）刊名检索

直接在 JCR 主页输入刊名，如 nature，在窗口下方列出该刊名及与该刊名前方一致的

其他刊名，如图 4-2-18 所示。

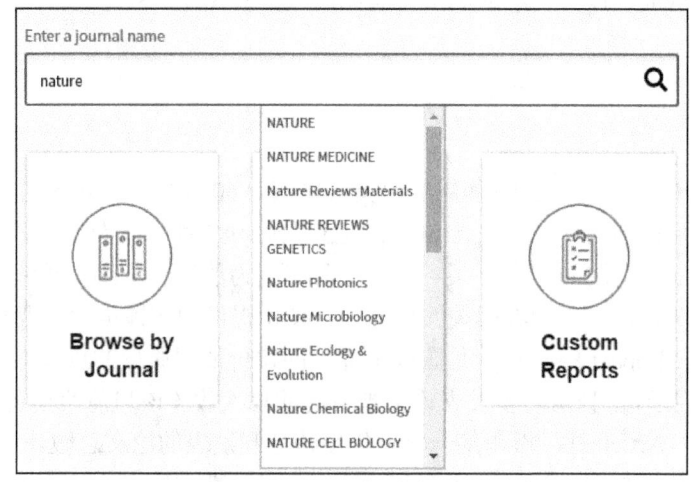

图 4-2-18　刊名检索界面

单击按钮得全刊名、缩写刊名、ISSN、eISSN、源索引库、影响因子覆盖的年份，单击年份可得到当年的影响因子，如图 4-2-19 所示。

Full Journal Title ▲	JCR Abbreviated Title	ISSN	eISSN	Edition	JCR Coverage Years
NATURE	NATURE	0028-0836	1476-4687	SCIE	1997, 1998, 1999, 2000, 2001, 2002, 2003, 2004, 2005, 2006, 2007, 2008, 2009, 2010, 2011, 2012, 2013, 2014, 2015, 2016, 2017

图 4-2-19　期刊 NATURE 检索结果

2) 刊名浏览检索

单击图 4-2-17 的 Browse by Journal 图标，进入刊名浏览检索界面，先在左侧选择年份和源索引库（本例选择 SCIE），再单击最下方的 Submit 按钮，得到 SCIE 收录期刊一览表，如图 4-2-20 所示。

		Full Journal Title	Total Cites	Journal Impact Factor ▼	Eigenfactor Score
☐	1	CA-A CANCER JOURNAL FOR CLINICIANS	28,839	244.585	0.06603
☐	2	NEW ENGLAND JOURNAL OF MEDICINE	332,830	79.258	0.70200
☐	3	LANCET	233,269	53.254	0.43574
☐	4	CHEMICAL REVIEWS	174,920	52.613	0.26565
☐	5	Nature Reviews Materials	3,218	51.941	0.01506
☐	6	NATURE REVIEWS DRUG DISCOVERY	31,712	50.167	0.05441

图 4-2-20　SCIE 收录期刊一览表

期刊一览表中给出全刊名、总被引频次(是指该期刊自创刊以来所刊载的全部论文在统计年被引用的总次数,该指标可以客观地说明该期刊总体被使用和受重视的程度,以及在学术交流中的作用和地位)、期刊影响因子、特征因子值等4个项目,分别单击项目名称能看到该项降序数值,系统默认按期刊影响因子(降序)排列。例如,查找 CHEMICAL REVIEWS(化学评论)的影响因子,单击链接得到该刊当年和所有年的期刊影响因子,还可得到五年的期刊影响因子变化趋势图,如图 4-2-21 所示。

图 4-2-21　CHEMICAL REVIEWS 影响因子

3) 分类浏览检索

单击图 4-2-17 的 Browse by Category 图标,进入分类浏览检索界面,在左侧选择年份(2017)和源索引库(SCIE 或 SSCI),再单击最下方的 Submit 按钮,得到 SCIE 收录的 178 个主题(SSCI 收录的 57 个主题),如图 4-2-22 所示。

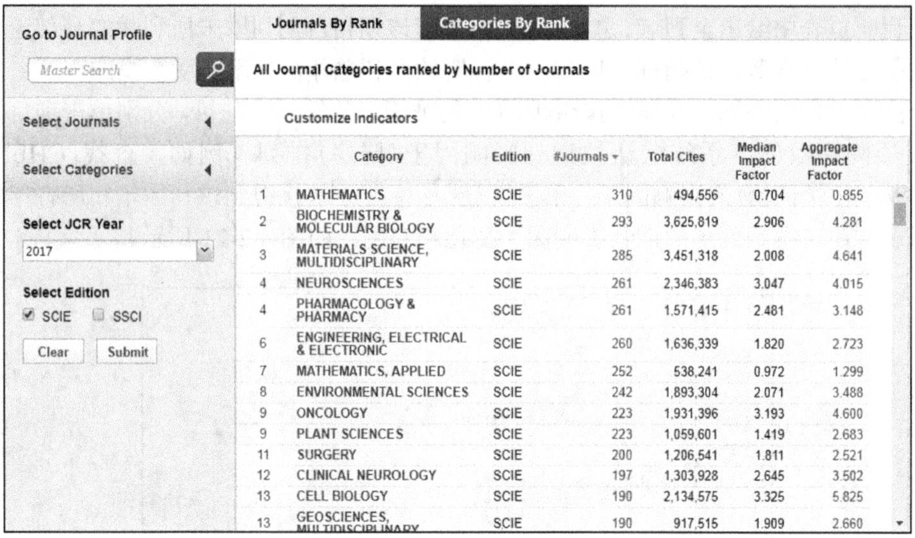

	Category	Edition	#Journals	Total Cites	Median Impact Factor	Aggregate Impact Factor
1	MATHEMATICS	SCIE	310	494,556	0.704	0.855
2	BIOCHEMISTRY & MOLECULAR BIOLOGY	SCIE	293	3,625,819	2.906	4.281
3	MATERIALS SCIENCE, MULTIDISCIPLINARY	SCIE	285	3,451,318	2.008	4.641
4	NEUROSCIENCES	SCIE	261	2,346,383	3.047	4.015
4	PHARMACOLOGY & PHARMACY	SCIE	261	1,571,415	2.481	3.148
6	ENGINEERING, ELECTRICAL & ELECTRONIC	SCIE	260	1,636,339	1.820	2.723
7	MATHEMATICS, APPLIED	SCIE	252	538,241	0.972	1.299
8	ENVIRONMENTAL SCIENCES	SCIE	242	1,893,304	2.071	3.488
9	ONCOLOGY	SCIE	223	1,931,396	3.193	4.600
9	PLANT SCIENCES	SCIE	223	1,059,601	1.419	2.683
11	SURGERY	SCIE	200	1,206,541	1.811	2.521
12	CLINICAL NEUROLOGY	SCIE	197	1,303,928	2.645	3.502
13	CELL BIOLOGY	SCIE	190	2,134,575	3.325	5.825
13	GEOSCIENCES, MULTIDISCIPLINARY	SCIE	190	917,515	1.909	2.660

图 4-2-22　分类浏览检索界面及检索结果

JCR 每个主题分别给出了学科名称、源索引库、期刊数、总被引频次、平均影响因子、综合影响因子等指标。例如，单击第一个主题 MATHEMATICS (数学) 链接，可看到数学学科逐年的期刊种数、论文篇数、总被引频次、平均影响因子等 8 项指标，如图 4-2-23 所示。

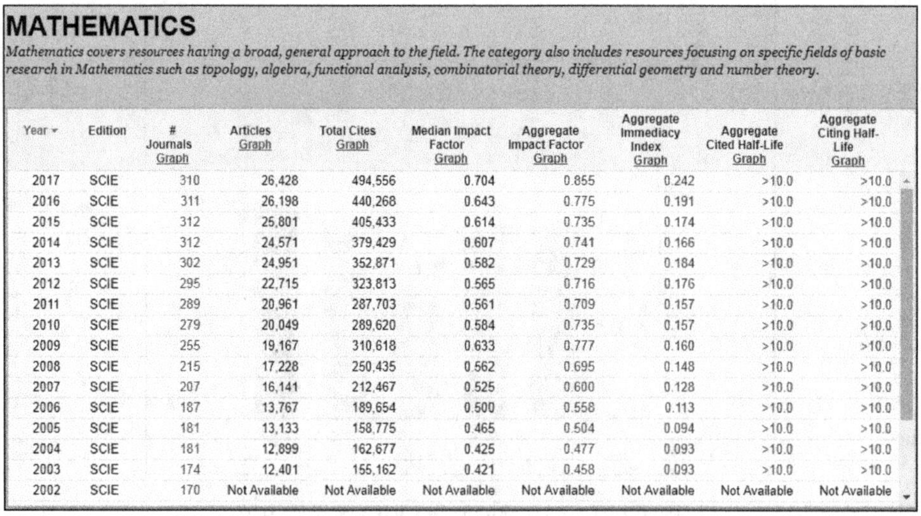

MATHEMATICS

Mathematics covers resources having a broad, general approach to the field. The category also includes resources focusing on specific fields of basic research in Mathematics such as topology, algebra, functional analysis, combinatorial theory, differential geometry and number theory.

Year	Edition	# Journals Graph	Articles Graph	Total Cites Graph	Median Impact Factor Graph	Aggregate Impact Factor Graph	Aggregate Immediacy Index Graph	Aggregate Cited Half-Life Graph	Aggregate Citing Half-Life Graph
2017	SCIE	310	26,428	494,556	0.704	0.855	0.242	>10.0	>10.0
2016	SCIE	311	26,198	440,268	0.643	0.775	0.191	>10.0	>10.0
2015	SCIE	312	25,801	405,433	0.614	0.735	0.174	>10.0	>10.0
2014	SCIE	312	24,571	379,429	0.607	0.741	0.166	>10.0	>10.0
2013	SCIE	302	24,951	352,871	0.582	0.729	0.184	>10.0	>10.0
2012	SCIE	295	22,715	323,813	0.565	0.716	0.176	>10.0	>10.0
2011	SCIE	289	20,961	287,703	0.561	0.709	0.157	>10.0	>10.0
2010	SCIE	279	20,049	289,620	0.584	0.735	0.157	>10.0	>10.0
2009	SCIE	255	19,167	310,618	0.633	0.777	0.160	>10.0	>10.0
2008	SCIE	215	17,228	250,435	0.562	0.695	0.148	>10.0	>10.0
2007	SCIE	207	16,141	212,467	0.525	0.600	0.128	>10.0	>10.0
2006	SCIE	187	13,767	189,654	0.500	0.558	0.113	>10.0	>10.0
2005	SCIE	181	13,133	158,775	0.465	0.504	0.094	>10.0	>10.0
2004	SCIE	181	12,899	162,677	0.425	0.477	0.093	>10.0	>10.0
2003	SCIE	174	12,401	155,162	0.421	0.458	0.093	>10.0	>10.0
2002	SCIE	170	Not Available	Not Available	Not Available	Not Available	Not Available	Not Available	Not Available

图 4-2-23　MATHEMATICS 主题各项指标

单击某一年的期刊数，可了解该学科领域所有期刊的影响因子以及某种期刊在该学科范畴内的影响力。例如，单击 2017 年期刊数 310，可看到数学类 310 种期刊的影响因子等指标，其中影响因子最高的期刊是 ACTA NUMERICA(数学学报)，影响因子为 9.727，如图 4-2-24 所示。

第 4 章　国外网络数据库信息的检索（综合-文摘型）

图 4-2-24　按影响因子排序的 MATHEMATICS 主题 310 种期刊的指标

第5章 国外网络数据库信息的检索（专业-文摘型）

5.1 SciFinder

5.1.1 概述

SciFinder 是美国化学学会（ACS）的分支机构化学文摘服务社（CAS）为化学化工、生命科学、医学等以及相关领域提供的信息检索平台，学科涵盖化学、物理学、生物和生命科学、医学、农业、工程、材料、聚合物和食品科学等领域。SciFinder 的特色在于不仅可以获得文献信息（标题、作者、来源、文摘等），还可以获得物质信息（化学名称、CAS 登记号、分子式、结构图、序列信息、性质数据信息等）和反应信息（反应图、反应物、产物、试剂、催化剂、溶剂以及步骤注解等）。

1. SciFinder 数据库

（1）Caplus（化学文摘数据库）包含 1907 年以来《化学文摘》（CA）纸本的所有内容，信息来源为 150 多个国家上万种期刊和 63 个专利机构的专利（含专利族）。涉及 50 多种语言的论文、会议录、技术报告、著作以及 e-only 期刊、网络预印本等，数据超过 3400 万条，每日更新，新增超过 5000 条记录。对全球 9 个主要专利机构公布的专利，保证其著录和摘要信息在公布两天之内收入数据库。

（2）Medline（生物医学文摘数据库）提供 1946 年以来 70 多个国家、5600 多种生物医学期刊的信息，数据超过 2300 万条，每周更新 5 次。

（3）CAS Registry（CAS 登记号数据库）是世界上最大的物质数据库，收录 1957 年以来在 CAS 登记的全部化学物质，目前已有 1.3 亿种物质，包括独特的有机物质、无机物质（如合金、配合物、矿物质、混合物、聚合物、盐等）及超过 6700 万条生物序列，每日更新。

（4）CASReact（化学反应数据库）是世界上最大的化学反应数据库，提供 1840 年以来收录期刊及专利中单步或多步有机化学反应资料。目前已有 9850 多万条单步、多步反应资料，1400 万条制备信息，其中包括反应物、产物、溶剂、催化剂、反应条件、产率等信息，每周更新。

（5）MARPAT（马库西结构专利信息数据库）记录超过 116 万个可检索的马库西结构，其中提供 1988 年至今 CAS 收录的专利及 1987 年至今选择性收录的日本专利、1984～1987年的英语专利和 1986～1987 年的法语、德语专利。1961～1987 年的数据来自于法国工业产权局（INPI）。

（6）ChemList（管制化学品数据库）收录 1979 年至今的管制化学品的信息，包括物质的特征、详细目录、来源以及许可信息等，目前已收录超过 34.8 万种化合物的详细清单，每周更新。

(7) Chemcats(化学品商业信息数据库)收录化学品的来源信息,包括化学品目录手册以及供应商的地址、价格、产品纯度等信息,目前收录900家供应商的1000多种目录。

2. 用户注册

使用 SciFinder 的用户需要注册并建立个人的用户名和密码,由用户所在机构提供的地址登录 SciFinder 用户注册页面。例如,四川大学用户可使用 https://scifinder.cas.org/registration/index.html?corpKey=5BC0ED2C-86F3-5055-75DE-7AD89C71ECA9 登录并注册。在设置用户名及密码时,用户名是唯一的,且包括 5~15 个字符。它可以包括字母或字母组合、数字和(或)以下特殊字符:——(破折号);_(下划线);.(句点);@(表示 at 的符号)。密码必须包括 7~15 个字符,并且至少包括三个以下字符:混合的大小写字母、数字、非字母数字的字符(@、#、%、&、*等)。注册后系统将自动发送一个链接到用户所填写的电子邮箱中,在 48h 内激活即可完成注册。

3. 登录

在地址栏输入 https://scifinder.cas.org,打开 SciFinder 登录页面,如图 5-1-1 所示,输入用户名、密码,单击 Sign In 按钮,打开 SciFinder 主页。

图 5-1-1　SciFinder 登录页面

5.1.2　检索技术

1. 布尔检索和词位检索

在 SciFinder 系统中,检索词之间的布尔逻辑、词位组配与其他数据库不同,大部分数据库通常采用布尔逻辑算符(如 AND、OR、NOT)和词位算符(如 NEAR、SAME)。而 SciFinder 采用介词(如 at、by、in、with 等)连接检索词,在检索结果中用 reference were found where all of the concepts、closely associated with one another、were present anywhere in the reference 等表达布尔逻辑、词位组配的结果。例如,输入短语 dyeing of wastewater treatment,系统能自动进行布尔逻辑的各种运算和词位运算。

2. 截词检索

在 SciFinder 系统中,能识别检索词的缩写、复数、不同时态、同源词等形式,自动进行截词处理,不需要在检索词尾和中间使用*、?、$、! 等符号(删减字符或通配符),直接用单词或自然语言表达截词检索,例如,输入 bio,系统可自动进行截词运算。

3. 同义词、近义词检索

在 SciFinder 系统中,对输入的检索词自动进行同义词、近义词的扩展检索,无须对表达同一个概念的检索词所涉及的不同表达方式进行逻辑组配,即系统先根据扩展词表自动地把检索词的同义词或者近义词进行扩展,再进行检索。例如,输入 preparation 时,系统可自动对 manufacture、synthesis 等同义词或近义词进行运算。

5.1.3 检索方式及检索方法

SciFinder 主页如图 5-1-2 所示,提供了文献检索、物质检索及反应检索 3 种方式,系统默认在文献检索方式的主题检索界面。

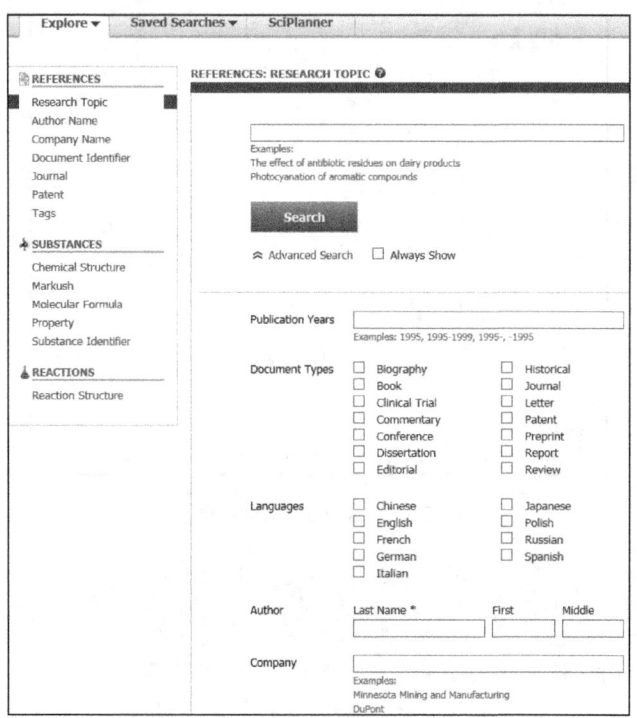

图 5-1-2 SciFinder 主页及主题检索界面

1. 文献检索(Explore References)

文献检索提供了 Research Topic(主题)、Author Name(作者姓名)、Company Name(公司名称)、Document Identifier(文献标识符)、Journal(期刊)、Patent(专利)及 Tags(标记)7 种检索方式。

(1)主题检索。主题检索界面参见图 5-1-2，有基本检索与高级检索之分。基本检索，即在检索框中输入检索词或由介词组成的式子，如 therapy of diabetes(糖尿病的治疗)，单击 Search 按钮即可，参见图 5-1-2 上半部分。单击图 5-1-2 的 链接，打开高级检索界面，参见图 5-1-2 下半部分。高级检索提供了对年代、文献类型、语种等的限制条件，检索词的输入方法与基本检索相同。

(2)作者姓名检索。单击图 5-1-2 左方的 Author Name 链接，打开作者姓名检索界面，有 3 个输入框：姓(Last Name*)必须填写，如果不能确认则可勾选下面的复选框(Look for alternate spellings of the last name)，参见图 5-1-3。

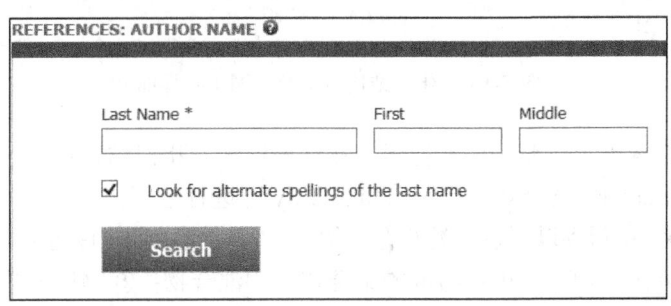

图 5-1-3　作者姓名检索界面

(3)公司名称检索。单击图 5-1-2 左方的 Company Name 链接，打开公司名称检索界面，输入公司的简称或全称即可。

2. 物质检索(Explore Substances)

物质检索提供了 Chemical Structure(化学结构)、Markush(马库西)、Molecular Formula(分子式)、Property(物化性质)及 Substance Identifier(物质标识符)5 种检索途径，参见图 5-1-2 左栏。

(1)化学结构检索。为图形检索方式，单击图 5-1-2 左栏的 Chemical Structure 链接，打开化学结构检索界面，如图 5-1-4 所示，单击图左栏的 Click to Edit 链接，即弹出绘图框。绘图框绘图工具的含义分别为：⟋—铅笔、⟋—橡皮擦、⦿—元素周期表、⦻—常用基团、⁻ˣ—可变基团、⁻ᴿ—R 基团定义工具、[]—重复基团工具、⦵—可变位置连接工具、∼—碳链工具、▦—结构模板工具、⌐—选择工具、⦿—索套选择工具、⧉—环锁定工具、⦻—原子锁定工具、⦿—旋转工具、⦿—镜面旋转工具、⊕—正电子、⊖—负电子。单击图左栏的 Advanced Search 链接，打开高级检索界面，可选择特征、分类、研究等进行限制检索。

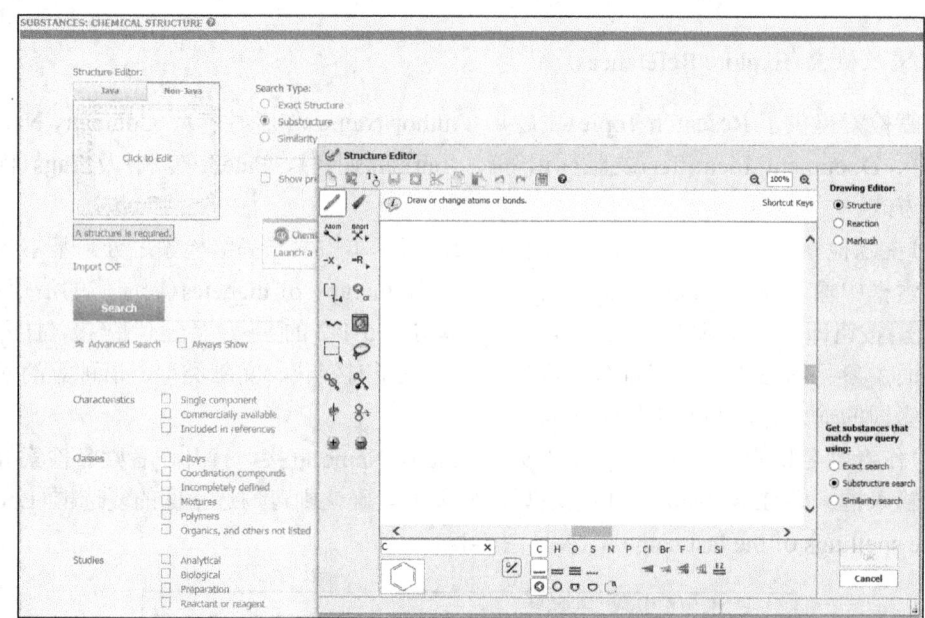

图 5-1-4　化学结构检索及绘图工具界面

化学结构的检索类型有精确结构检索、亚结构检索和相似结构检索，根据化学结构检索界面的 Exact Structure、Substructure 或 Similarity 可进行选择。

精确结构检索，可得到以下各种类型的化合物：①与已绘制结构完全相同的物质；②同位素化合物；③配位化合物；④单体组成的聚合物；⑤混合物；⑥物质的盐；⑦异构体。

亚结构检索，可得到若干物质的修饰信息：①与已绘制的结构相同（与精确结构检索相同）；②包括绘制结构的多元物质，如聚合物、混合物和盐等；③在指定位置有取代基和包含绘制结构的物质；④绘制结构的环系为结果物质环系的一部分。

相似结构检索，可获得结构相似度在 60%以上的物质：①包含绘制结构的多元物质，如聚合物、配合物等；②结构相似的物质，但是成分、取代基和位置有所不同；③结构相似的物质，但大小环结构不同。

(2) 马库西检索。化学专利中普遍应用马库西结构，它是由一个新颖的母体基团和可变取代基组成的族性结构化学物质。只有在特定情况下，检索化学专利中确定该化学结构是否存在，才需要马库西检索。

(3) 分子式检索。单击图 5-1-2 左栏的 Molecular Formula 链接，打开检索界面，参见图 5-1-9，分子式可不按 Hill Order 排列，系统会分析所输入的分子式，并重新编排原子，使之成为能被计算机识别的 Hill System Order。需要注意的是要区分大小写；输入必须规范，否则会要求重输；输入盐类，可分为酸碱组分以"·"相连，如 H3O4P·3Na、H3O4P·2Na、H3O4P·Na 分别代表不同的物质；聚合物则输入单体组成以括号加 X，如(C4H6)X；对于复杂的有机物质，可以通过分子式查询，并通过亚结构限定获得。

(4) 物化性质检索。单击图 5-1-2 左栏的 Property 链接，打开检索界面，可检索物质的物化性能参数。

(5)物质标识符检索。单击图 5-1-2 左栏的 Substance Identifier 链接,打开检索界面。标识符可输入物质的化学名俗名、商品名、缩写、CAS 登记号等,每行只能输入一个标识符,不区分大小写,可以包括空格和标点符号,登记号包含连字符。在物质标识符系统中,可通过物质标识符定位物质,可获得登记号、指定物质名称相对应的物质。

3. 反应检索(Reactions Structure)

反应检索为图形检索方式,单击图 5-1-2 左栏的 Reactions Structure 链接,打开反应检索界面,如图 5-1-5 所示。单击图左栏的 Click to Edit 链接,即弹出绘图框,绘图框绘图工具的含义与化学结构绘图工具的含义相同,5 种反应查询工具的含义分别为:→—反应箭头、—反应角色工具、—反应原子标记工具、—反应位置标记工具、—反应官能团列表,可根据不同反应的需求选择使用。

使用绘图工具,绘制化学反应中物质的结构检索,也可单击 Advanced Search 链接,打开高级检索界面,选择溶剂、官能团、反应步骤、分类、文献来源研究等进行限制检索。

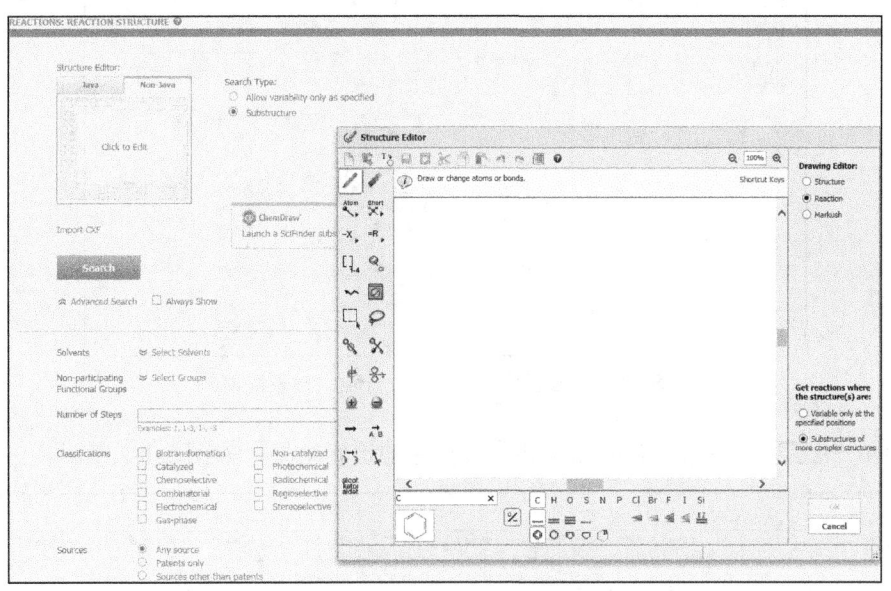

图 5-1-5 反应检索界面

5.1.4 检索实例

1. Research Topic(主题)检索实例

检索课题:高储能聚合物基纳米复合材料电介质性能研究

1)制定检索策略

(1)分析课题,选择检索词。

高储能—high energy storage;聚合物—polymer;纳米复合材料—nanocomposite;电介质—dielectric

(2) 构造检索提问式。

high energy storage in polymer at nanocomposite with dielectric

2) 实施检索策略

(1) 登录 https://scifinder.cas.org，打开 SciFinder 登录页面，输入用户名、密码，参见图 5-1-1，单击 Sign In 按钮，打开 SciFinder 主页及主题检索界面。

(2) 单击 Advanced Search 链接，打开主题检索高级界面，输入检索提问式，文献限制为期刊论文，如图 5-1-6 所示。

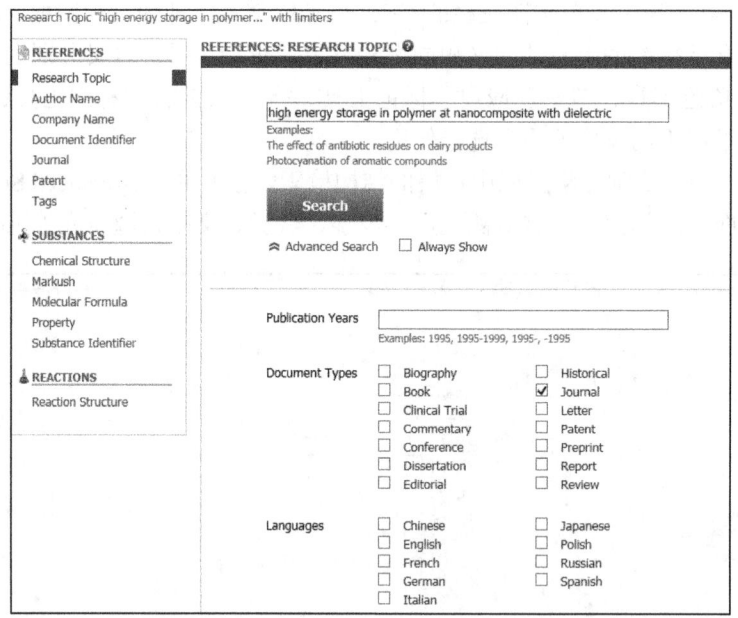

图 5-1-6　主题检索高级界面——输入检索提问式

(3) 单击 Search 按钮，得 26 组按相关度排序的检索结果，如图 5-1-7 所示。

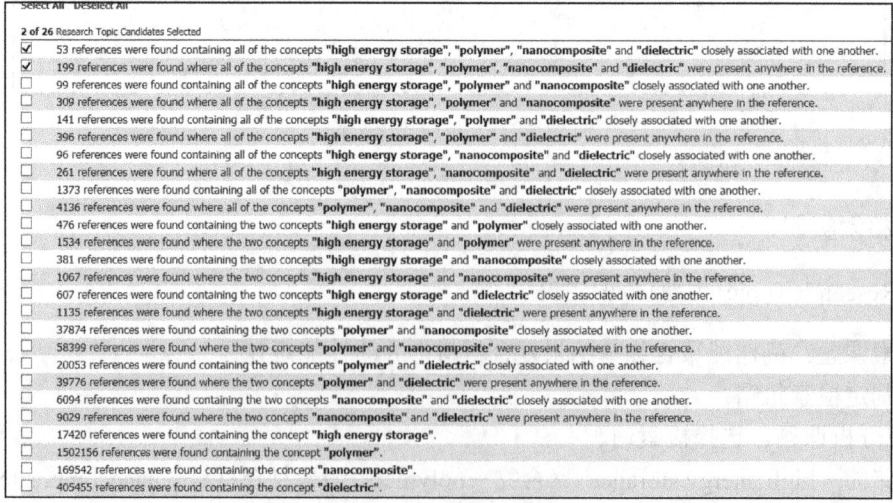

图 5-1-7　检索结果

3）检索结果处理

（1）选定第 1 组检索结果，单击检索结果左下方的 Get References 按钮，得文摘，也可根据具体情况进行快速浏览（单击 Quick View 链接），了解其文献内容，如图 5-1-8 所示。

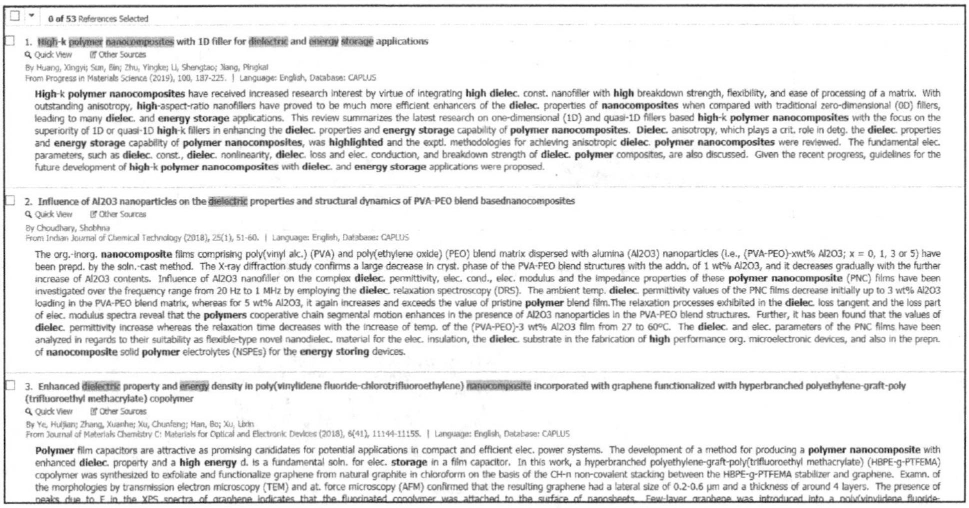

图 5-1-8　文摘页面

（2）保存检索结果。在检索结果右上方任选 Save、Print、Export 一种方式保存。使用 Export 保存有三种格式：①Citation manager 保存为 RIS 格式，用于导入 EndNote 等文献管理工具；②Offline review 保存为 PDF、RTF 格式，用于脱机浏览；③Saving locally 保存于本机上。

4）获取全文

SciFinder 是文摘数据库，不提供全文，可以通过原文出处（Source）查找本单位或外单位收藏的纸质全文或电子全文。

2. Molecular Formula（分子式）检索实例

已知聚对苯二甲酸乙二醇酯的分子式为$(C_{10}H_8O_4)_n$，登记号为 25038-59-9，检索其英文名称、结构式及相关信息。

检索过程如下：

（1）登录 https://scifinder.cas.org，打开 SciFinder 登录页面，输入用户名、密码，参见图 5-1-1，单击 Sign In 按钮，打开 SciFinder 主页，参见图 5-1-2。

（2）单击图 5-1-2 左栏的 Molecular Formula 链接，打开分子式检索界面，如图 5-1-9 所示。

（3）输入分子式，参见图 5-1-9。

（4）单击 Search 按钮，得到符合满足该分子式组成的同分异构体 24 种。

（5）检索结果处理。

①选择登记号升序方式重新排列检索结果，按已知登记号的顺序筛选出符合检索要求

的结果 1 条，还可通过右边的菜单单击 Explore by Structure ，选择 Chemical Structure 命令进行化学结构检索，如图 5-1-10 所示。

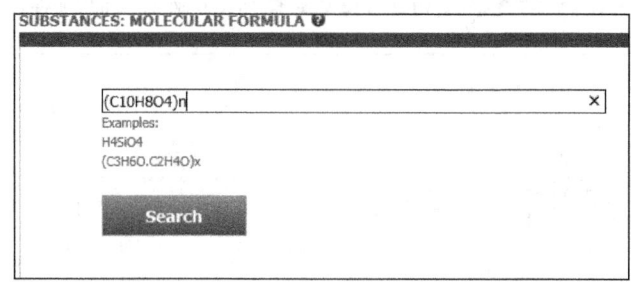

图 5-1-9　分子式检索界面——输入分子式

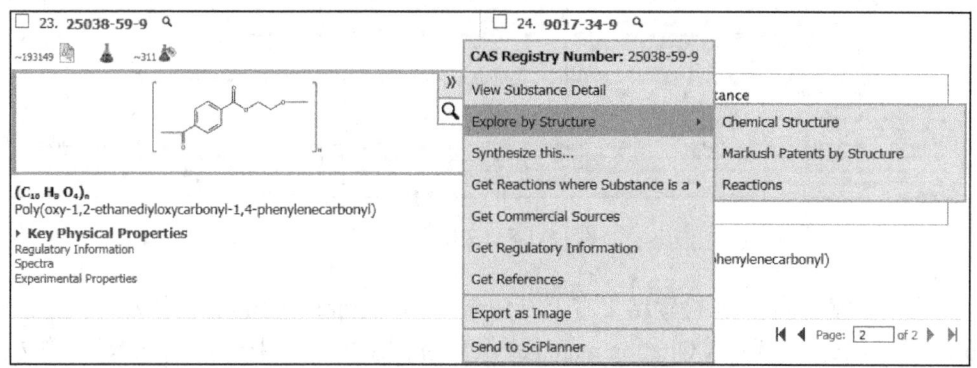

图 5-1-10　聚对苯二甲酸乙二醇酯结构式与英文名称

②单击图 5-1-10 第 1 个图标，在弹出的 Get References 页面，对相关文献结果进行限制，如图 5-1-11 所示，本例选择制备的限制，单击图右下方的 Get 按钮，可获得制备方面的相关文献。

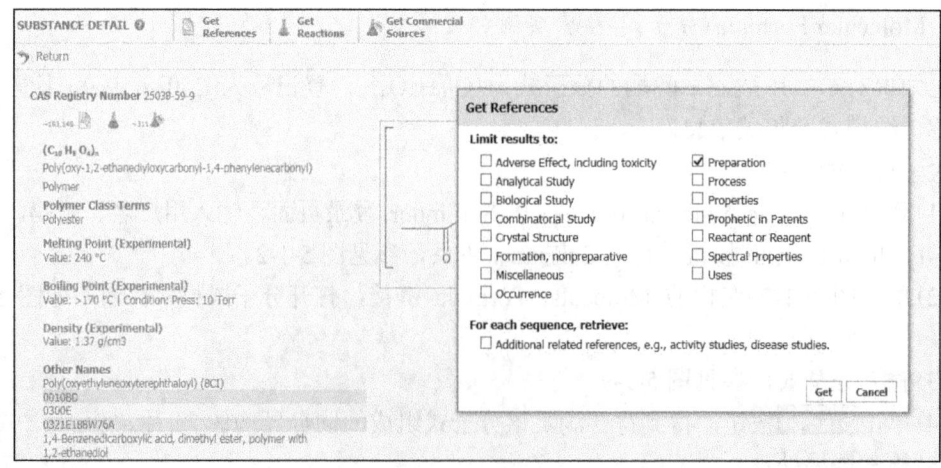

图 5-1-11　相关文献结果限制选择页面

③单击图 5-1-11 ![Get Reactions] 图标,在弹出的 **Get Reactions** 页面,本例选择产物反应限制,如图 5-1-12 所示,单击 **Get** 按钮,得到 43 种制备聚对苯二甲酸乙二醇酯产物的反应及反应步骤,如图 5-1-13 所示。

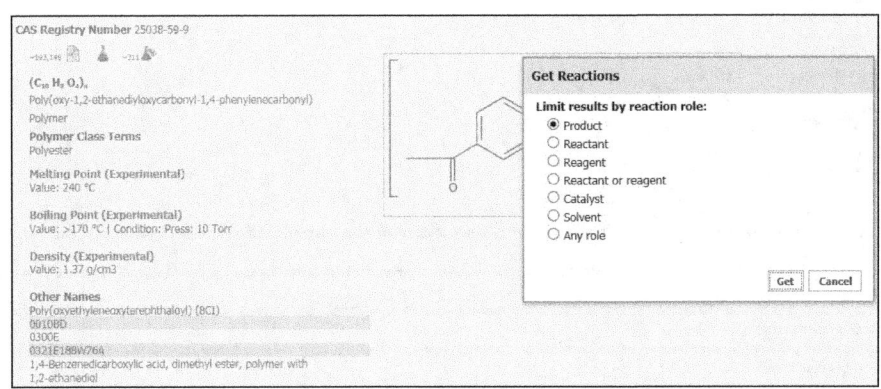

图 5-1-12　反应选择页面

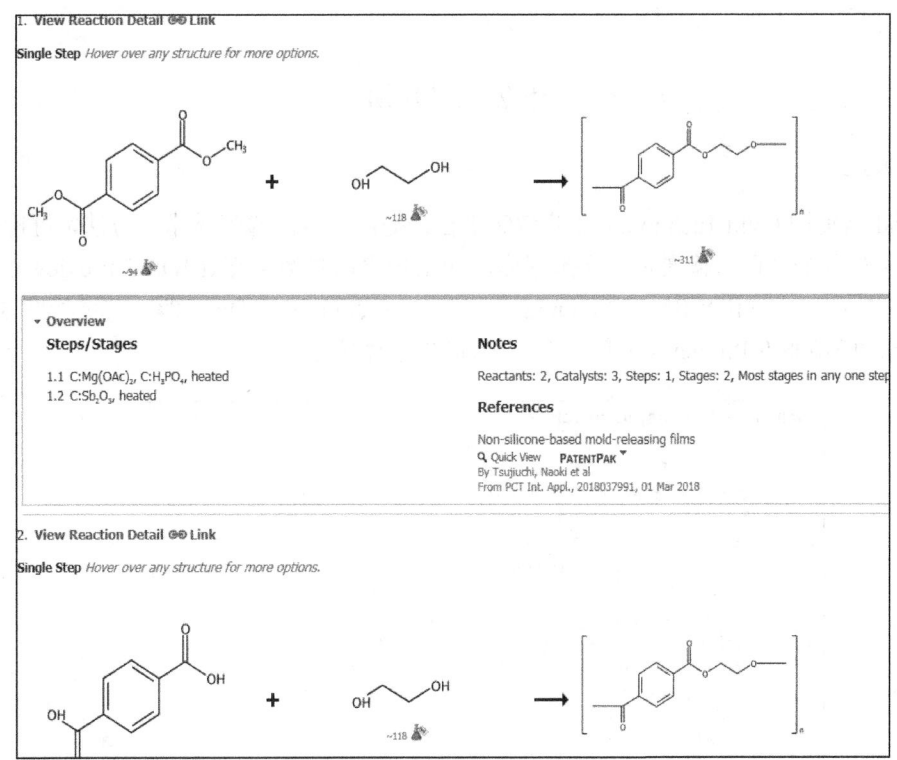

图 5-1-13　制备聚对苯二甲酸乙二醇酯的反应及反应步骤

④单击检索结果中的 REGULATORY INFORMATION、EXPERIMENTAL、SPECTRA、EXPERIMENTAL PROPERTIES 任一链接得物化性质、密度、其他名称等信息,如图 5-1-14 所示。

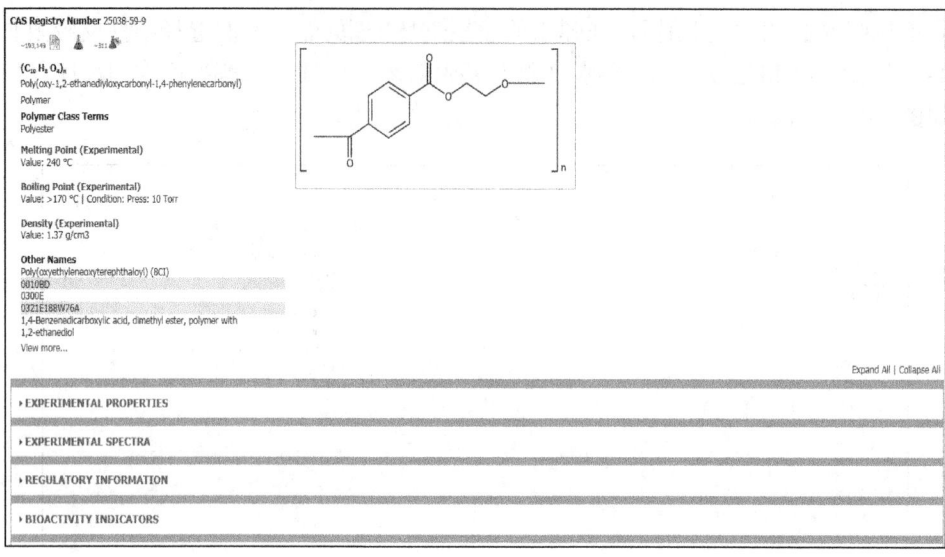

图 5-1-14 聚对苯二甲酸乙二醇酯的熔点、沸点、密度、其他名称等信息

5.2 Ovid

5.2.1 概述

Ovid 是美国 Ovid Technologies 的检索平台，提供一致的检索技术与方法，可检索多种来源的 300 多个书目、摘要及全文数据库，如生物学信息数据库（BIOSIS Previews）、循证医学（EMBASE）、MEDLINE 以及 Ovid 全文期刊库（Journals@Ovid）等，首页如图 5-2-1 所示。本节以 BIOSIS Previews 为例，介绍 Ovid 的检索方法。

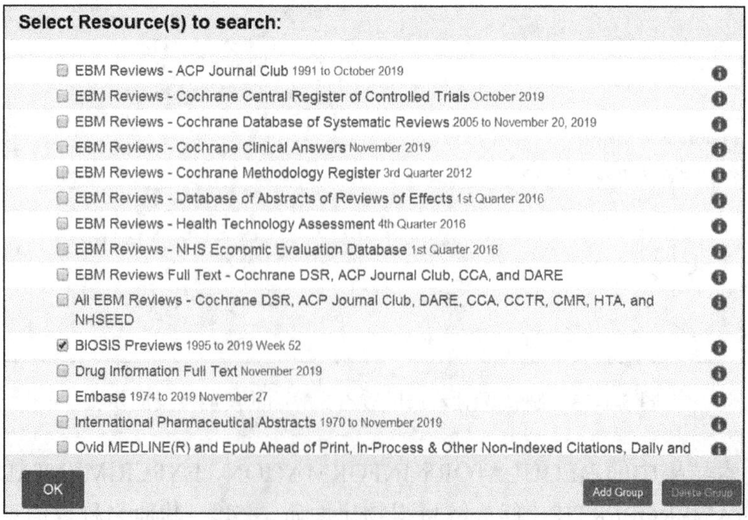

图 5-2-1 Ovid 首页

BIOSIS Previews 是世界上最大的关于生物科学的文摘索引数据库。该库主要包括 Biological Abstracts（生物学文摘）所收录的期刊以及 Biological Abstracts/RRM（生物学文摘-综述、报告、会议）所收录的会议、报告、评论、图书、专论等类型文献，其中的期刊论文来源于 100 多个国家和地区的 9000 多种期刊。学科覆盖生物学、生物化学、生物技术、植物学、医学、药理学、动物学、农业、兽医学等领域。内容偏重于基础和理论方法的研究，主要包括生物学、医学、农业科学的理论研究，生物工程学、实验室及现场的原始报告；生物科学研究中所采用的新材料、新方法、新技术和仪器设备；生物科学研究的结果和结论（包括有价值的数据），对新理论的解释和评论；有关生物学、医学、农业科学的情报理论和方法；新发现的生物属类、名称、分布情况及新名词的定义等。BIOSIS Previews 的数据每周更新，现已累计 1800 万条文献记录，每年新增数据约 56 万条。

5.2.2　检索方式及检索方法

BIOSIS Previews 提供 Basic Search（基本检索）、Find Citation（确定引文检索）、Search Tools（检索工具）、Search Fields（检索字段）、Advanced Search（高级检索）和 Multi-Field Search（多字段检索）6 种检索方式，如图 5-2-2 所示。

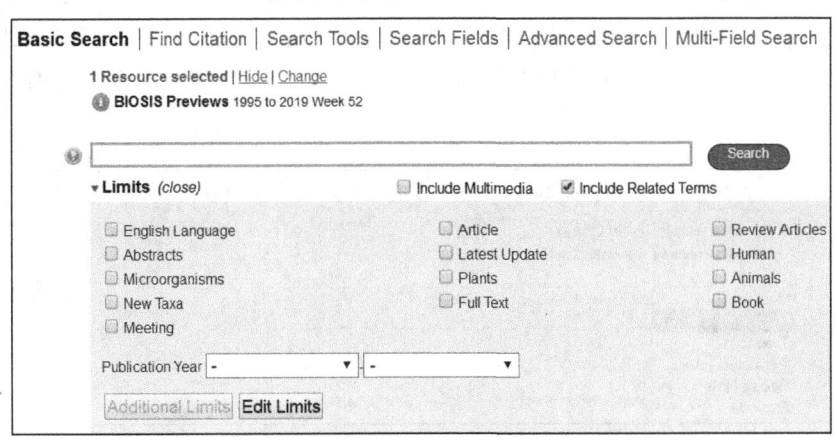

图 5-2-2　检索方式及基本检索界面

1. Basic Search（基本检索）

基本检索是默认的检索界面，在检索框内输入单个检索词、词组或短语即可检索，单击 Edit Limits 链接，打开限制选择框，可对年代、语种、文献类型等进行限定，如图 5-2-2 所示。

2. Find Citation（确定引文检索）

确定引文检索提供了 7 个检索字段，其中期刊名称和作者姓名字段可使用截词检索，如图 5-2-3 所示。

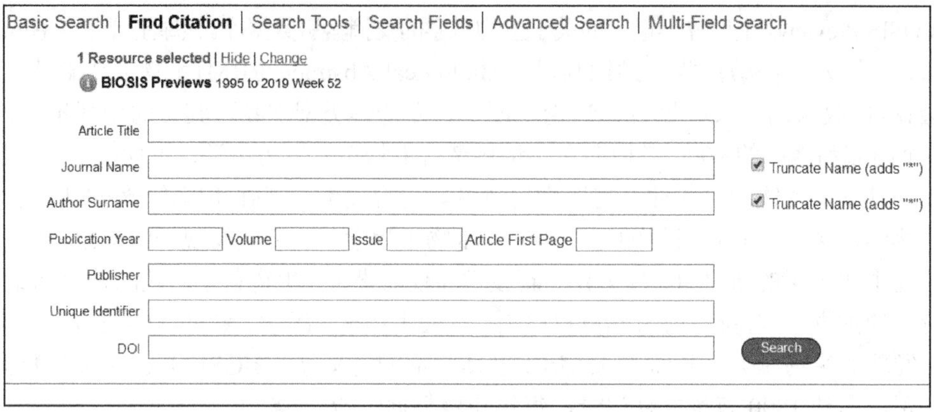

图 5-2-3　确定引文检索界面

3. Search Tools（检索工具）

检索工具为系统功能设置，提供了 Map Term（系统自动转换检索词为主题词）、Tree（树状结构查询，可查询索引词的上、下位结构组织）、Permuted Index（轮排索引，可查询与输入检索词相关的所有词）、Scope Note（范围注释，可查询索引词的简单定义和应用范围）和 Explode（扩展功能，可查询索引词及下位词）5 个选项，可选择任意一个选项检索，如图 5-2-4 所示。

图 5-2-4　检索工具界面

4. Search Fields（检索字段）

检索字段界面如图 5-2-5 所示，如查找 ras 基因的相关信息，在检索字段中勾选 gn: Gene Name，在检索框中输入 ras。

5. Advanced Search（高级检索）

可选择关键词、作者、标题、期刊名任一单字段进行检索，若勾选 Map Term to Subject Heading 复选框，可实现检索词与主题词之间的匹配，如图 5-2-6 所示。

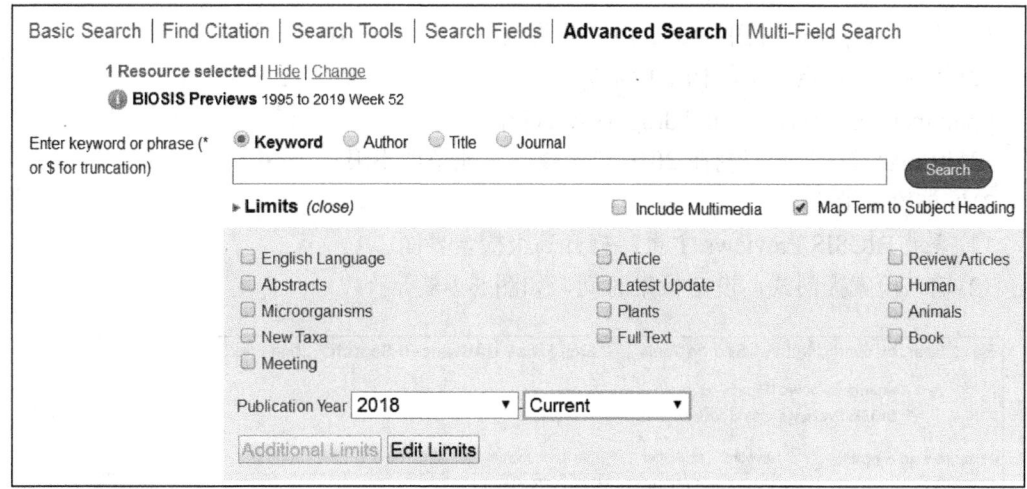

图 5-2-5　检索字段界面

图 5-2-6　高级检索界面

6. Multi-Field Search（多字段检索）

可进行多字段的组配检索，检索框之间可进行布尔逻辑组配，可对年代、语种、文献类型等进行限定，检索界面如图 5-2-7 所示。

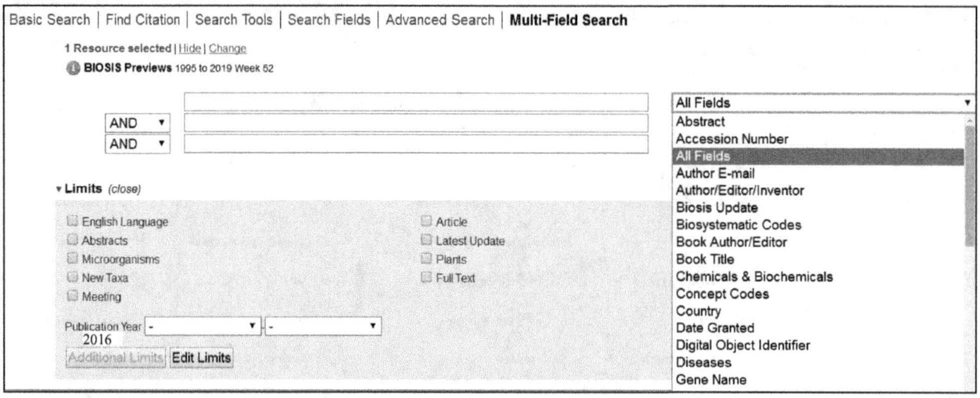

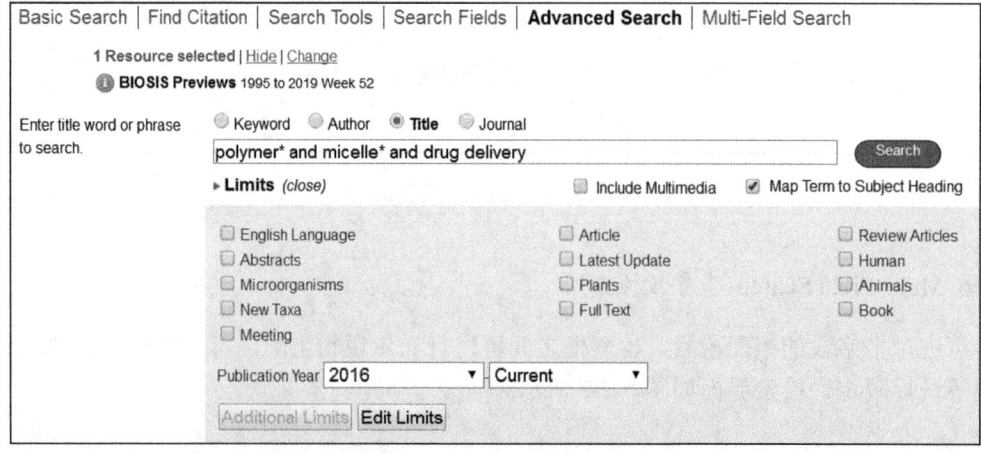

图 5-2-7 多字段检索界面

5.2.3 检索实例

检索课题：聚合物胶束药物载体研究

1) 制定检索策略

（1）分析课题，选检索词。

聚合物—polymer；胶束—micelle；药物载体—drug delivery

（2）使用相关检索技术，构造检索提问式。

[polymer* and micelle* and drug delivery]/ti

（3）检索要求：时间限制在 2016 年至今，其他条件不限。

2) 实施检索策略

（1）登录 BIOSIS Previews 主页，打开高级检索界面。

（2）输入检索提问式，设定检索时间，如图 5-2-8 所示。

图 5-2-8 输入检索提问式

（3）单击 Search 按钮，得检索结果，如图 5-2-9 所示。

图 5-2-9　检索结果

(4) 单击 Abstract 链接，浏览文摘信息。

3) 获取全文

BIOSIS Previews 是文摘数据库，不提供全文，可以通过原文出处（Source）查找本单位或外单位收藏的纸质全文或电子全文。

第 6 章　国外网络数据库信息的检索（综合-全文型）

6.1　ScienceDirect

6.1.1　概述

ScienceDirect 是 Elsevier（荷兰爱思唯尔出版集团，http://www.elsevier.com）的核心数据库，1999 年开始提供电子出版物全文的在线服务。ScienceDirect 有 2500 多种同行评议期刊和 11000 多种系列丛书、手册及参考书等，涉及自然科学与工程、生命科学、健康科学、社会科学与人文科学 4 大学科领域。网址：http://www.sciencedirect.com，任何用户均可免费检索获取文摘题录信息，订购用户可下载全文，有 90 万余篇 OA 全文非订购用户可免费下载，主页如图 6-1-1 所示。

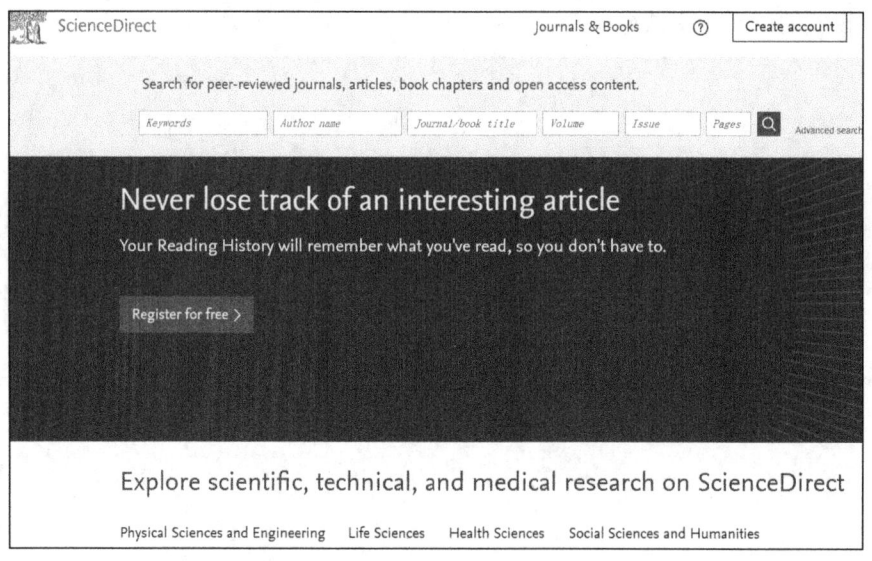

图 6-1-1　ScienceDirect 主页

6.1.2　检索方式及检索方法

ScienceDirect 提供了学科分类浏览、期刊与图书浏览、基本检索和高级检索 4 种检索方式，参见图 6-1-1。

1. 学科分类浏览

单击图 6-1-1 下方的学科分类链接，即可按学科分类浏览相关的期刊与图书章节。

2. 期刊与图书浏览

单击图 6-1-1 上方的 Journals & Books 链接，打开浏览界面，如图 6-1-2 所示，可在检索框输入刊名或书名检索，也可按字顺序浏览期刊与图书。

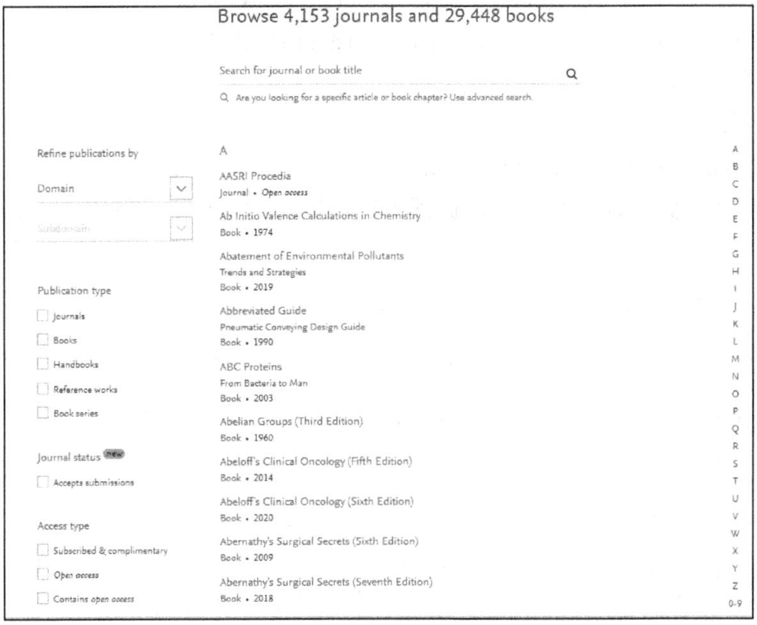

图 6-1-2 期刊与图书浏览界面

3. 基本检索

基本检索可输入关键词检索，可输入作者检索，也可输入期刊/图书的名称及卷、期、页码检索，各检索框之间的逻辑关系为逻辑与(AND)。基本检索既可用于检索某主题概念的全文信息，也可用于检索已知的特定全文信息，参见图 6-1-1 上方。

4. 高级检索

单击图 6-1-1 上方的 Advanced search 链接，打开高级检索界面，检索方法参见检索实例。

在基本检索、高级检索方式中，检索词可使用无限截词符*处理，如输入 dye*，可检索出含有 dye、dyes 和 dyeing 的信息；如果检索词是名词，有单、复数形式，只使用单数形式，能自动检索出单、复数形式的信息，如输入 city，可检索出含有 city 和 cities 的信息；使用双引号""，可进行精确短语检索，如"aluminum nitride composites"，表示作为一个整体检索。

6.1.3 检索实例

检索课题：高层建筑结构设计

1)制定检索策略

(1)分析课题,选择检索词。

高层建筑——tall building;高层建筑——high rise building;结构设计——structural design

(2)使用相关检索技术,构造检索提问式。

检索提问式 1:[high rise building* and structural design]/ title

检索提问式 2:[tall building* andstructural design]/ title

(3)检索要求:论文类型限制为研究论文。

2)实施检索策略

(1)登录网址 http://www.sciencedirect.com,访问 ScienceDirect 主页。

(2)打开高级检索界面,输入检索提问式 1,根据检索要求选择检索条件,如图 6-1-3 所示。

图 6-1-3 高级检索界面——输入检索提问式 1

(3)单击 Search 按钮,得检索结果 3 篇,如图 6-1-4 所示。

3)检索结果处理

(1)单击标题查看文摘。

(2)获取全文。订购用户单击 Download PDF 下载全文,非订购用户单击 Open access,单击 Download PDF 免费下载全文。

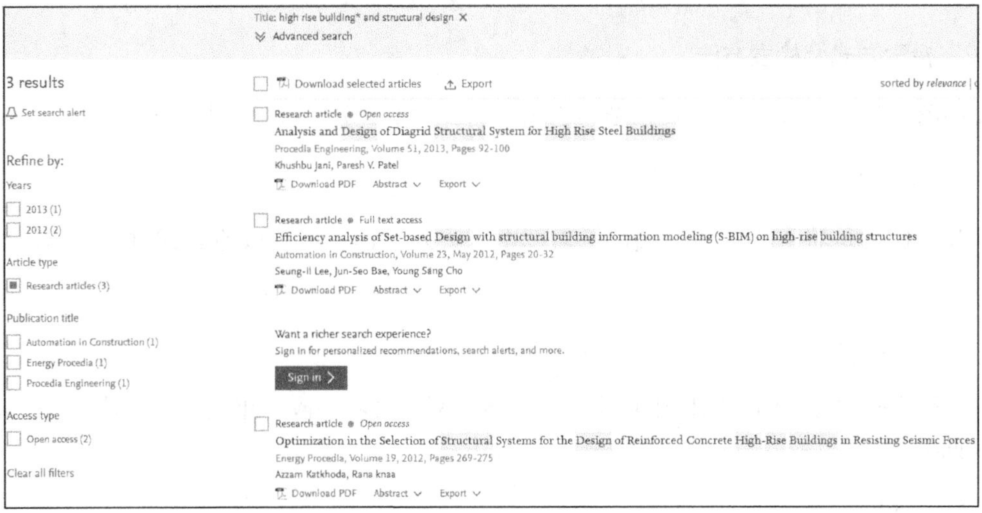

第 6 章　国外网络数据库信息的检索(综合-全文型)

图 6-1-4　检索结果

6.2　ProQuest Dissertations and Theses Full-text Search Platform

6.2.1　概述

ProQuest 学位论文全文检索平台(ProQuest Dissertations and Theses Full-text Search Platform，PQDT)是目前国内唯一提供国外高质量学位论文全文的数据库，主要收录了来自欧美国家 2000 余所知名大学的优秀博硕士论文，涉及文、理、工、农、医等多个领域。该平台在国内有 CALIS、上海交通大学和中国科学技术信息研究所 3 个服务站点，目前新版平台已开通使用，网址为 http://www.pqdtcn.com，任何用户可免费检索和获取题录及文摘信息，订购用户可下载全文。本节以新版平台为例，介绍其使用方法，新版平台主页如图 6-2-1 所示。

图 6-2-1　PQDT 新版平台主页

6.2.2 检索方式及检索方法

如图 6-2-1 所示，PQDT 提供基本检索、高级检索和分类导航 3 种检索方式。

1. 基本检索

基本检索是默认的检索方式，检索框中可输入单词、词组或检索式进行检索，参见图 6-2-1。

2. 高级检索

在高级检索方式的检索框中可用布尔逻辑组配，可对字段、年代等进行选择，检索方法参见实例。

3. 分类导航

导航有主题分类和学校分类 2 种方式，参见图 6-2-2。主题分类导航是默认的方式，可在所有主题分类中依次选择学科主题，也可按字顺选择学科主题。例如检索"人工智能"学科的学位论文，按字顺选择学科主题，检索过程如下。

1）登录分类导航

单击图 6-2-1 分类导航 ，登录分类导航页面，如图 6-2-2 所示。

2）选择学科主题

单击图 6-2-2 的字母"E"，弹出首字母为"E"的所有学科主题，再单击 Engineering 的"+"，显示下一级学科：Artificial intelligence 如图 6-2-2 所示。

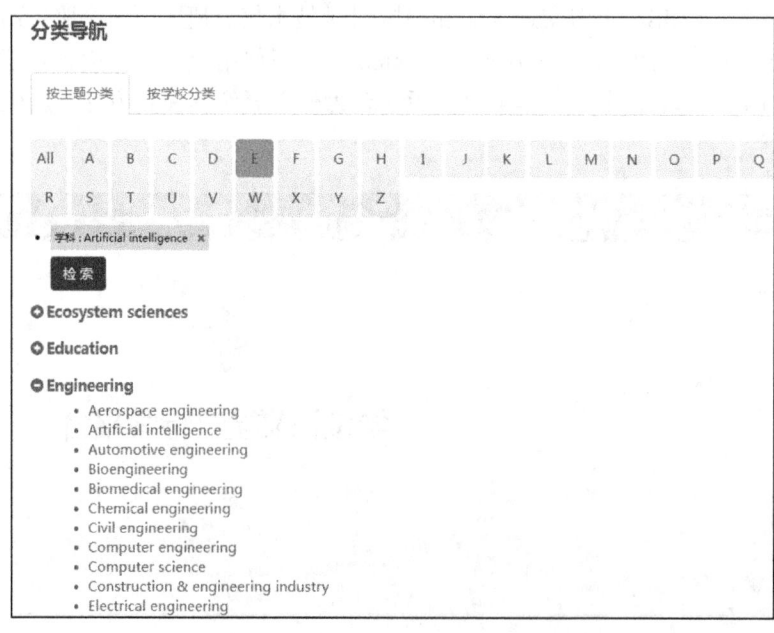

图 6-2-2 分类导航页面——选择学科主题

3)检索

单击图 6-2-2 按钮,结果如图 6-2-3 所示。

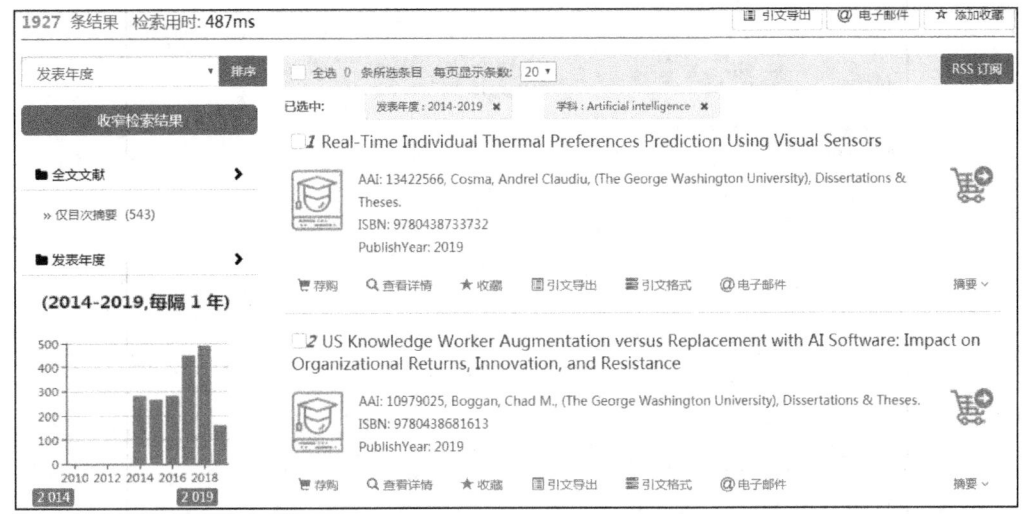

图 6-2-3　分类导航检索结果

6.2.3　检索实例

检索课题: 移动机器人导航研究

1)制定检索策略

(1)分析课题,选择检索词。

移动机器人—mobile robot;导航—navigation

(2)使用相关检索技术,构造检索提问式。

[mobile robot and navigation]/ti

(3)检索要求:学位类型不限;语种不限;时间 2010 至今;按相关度排序。

2)实施检索策略

(1)登录网址 http://www.pqdtcn.com,访问 PQDT 主页。

(2)单击 高级检索 链接,打开高级检索界面,按检索要求,输入检索提问式,如图 6-2-4 所示。

(3)单击 检索 按钮,得检索结果 11 篇,如图 6-2-5 所示。

3)检索结果处理

(1)单击图 6-2-5 的"查看详情",可得摘要、索引(学校、学位类型、导师、学科、来源、出版日期、语言等信息),如图 6-2-6 所示。

图 6-2-4　高级检索界面——输入检索提问式

图 6-2-5　检索结果

Autonomous Mobile Robot Navigation in Urban Environment

Chang, Chin-Kai
Dissertations & Theses

摘要/索引

摘要

Unmanned ground vehicles (UGV) is one of the highly versatile carriers for transportation, surveillance, search, and rescue task. For the service type mobile robot that ability to travel through indoor and outdoor environment may encounter complex challenges different than that of street vehicles. The urban pedestrian environment is typically GPS-denied which demands a further integrated approach of perception, estimation, planning and motion control to surmount. In this thesis, we present the design and implementation of Beobot 2.0—an autonomous mobile robot that operates in unconstrained urban environments. We developed a distributed architecture to satisfy the requirement for computationally intensive algorithms. Furthermore, we propose several biological-inspired visual recognition methodologies for indoor and outdoor navigation. We describe novel vision algorithms base on saliency, gist, image contour, and region segment to construct several perception modules such as place recognition, landmark recognition, and road lane detection. To conquer the latencies and update frequencies of each perception module while performing real-time navigation task. We further investigate hierarchical map representation to fuse the quick, yet limited state information while time-consuming but higher discriminating data remains in processing. We validated our system using a ground vehicle that autonomously traversed several times in multiple outdoor routes, each 400m or longer, in a university campus. The routes featured different road types, environmental hazards, moving pedestrians, and service vehicles. In total, the robot logged over 10km of successfully recorded experiments, driving within a median of 1.37m laterally of the center of the road, and localizing within 0.97m (median) longitudinally of its true location along the route.

索引

学科:	Robotics ; Artificial intelligence ; Computer science ;
标题:	Autonomous Mobile Robot Navigation in Urban Environment
作者:	Chang, Chin-Kai
页数:	221
出版日期:	2016
学校代码:	0208
大学/机构:	University of Southern California
来源:	Dissertations & Theses
出版地:	
出版国家/地区:	
ISBN:	
导师:	Itti, Laurent
委员会成员:	
学位:	Ph.D.
语言:	English
ProQuest文档 ID:	11016279

图 6-2-6　摘要、索引

(2) 单击图 6-2-5 的 查看PDF 链接，订购用户可阅读或下载全文。

6.3　ACS Publications

6.3.1　概述

ACS Publications 是世界上权威的科技信息来源之一，涵盖生化研究方法、药物化学、有机化学、普通化学、环境科学、材料学、植物学、毒物学、食品科学、物理化学、环境工程学、工程化学、应用化学、分子生物化学、分析化学、无机与原子能化学等 24 个主要的学科领域。ACS Publications 除具有一般的检索、浏览等功能外，还可在第一时间内查阅被作者授权发布、尚未正式出版的最新文章（Articles ASAPsm）。网址为 http://pubs.acs.org，任何用户均可免费检索获取该数据库的文摘题录信息，订购用户可以下载全文，有部分 OA 全文可以免费下载，主页如图 6-3-1 所示。

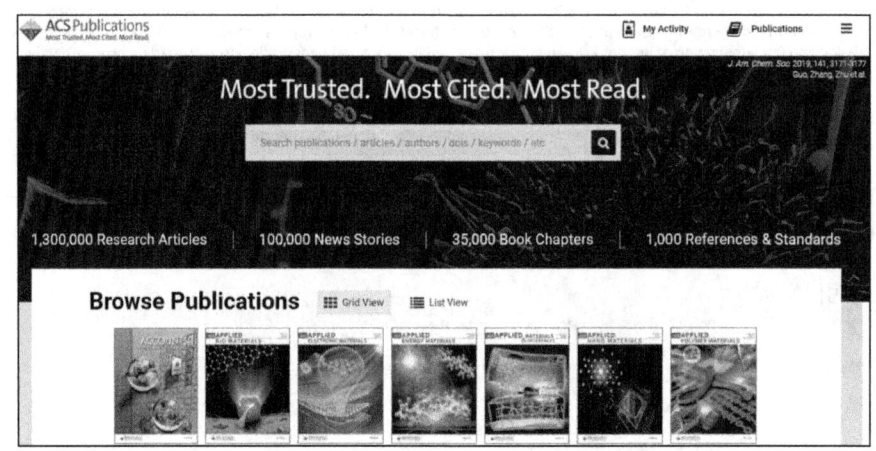

图 6-3-1　ACS Publications 主页

6.3.2　检索方式及检索方法

如图 6-3-1 所示，ACS 提供 Search（基本检索）和 Publications（出版物浏览）2 种检索方式。

1. Search（基本检索）

基本检索界面如图 6-3-1 所示，检索方法参见实例。

2. Publications（出版物浏览）

出版物浏览界面如图 6-3-2 所示，按出版物字母顺序排列。以 ACS chemical biology 为例，浏览过程如下：

（1）单击刊名打开出版物，浏览结果如图 6-3-3 所示。即可查看先于印刷版发表的网络版文章（ASAP Articles）、各期列表（List of Issues）、最新目次（Current Issue）等信息。

（2）单击标题可查看文摘，订购用户可下载全文，非订购用户可免费下载 OA 全文。

第 6 章 国外网络数据库信息的检索(综合-全文型)　　91

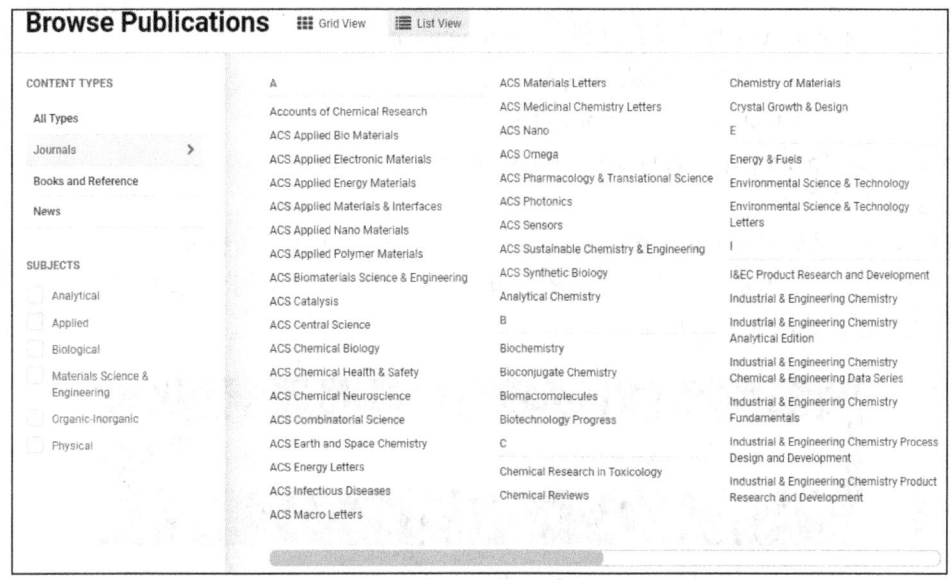

图 6-3-2　出版物浏览界面

图 6-3-3　ACS chemical biology 出版物浏览结果

6.3.3　检索实例

检索课题：高分子纳米复合材料
1) 制定检索策略
(1) 分析课题，选择检索词。

高分子——polymer；纳米复合材料——nanocomposites

(2)使用相关检索技术，构造检索提问式。

提问式1：polymer and nanocomposites

提问式2：[polymerand nanocomposites]/ title/2018-2019

2)实施检索策略

(1)登录。登录网址 http://pubs.acs.org，访问 ACS Publications 主页。

(2)检索。在基本检索框中输入检索提问式1，如图6-3-4所示；单击按钮，得检索结果 11538 篇，如图 6-3-5 所示。

图 6-3-4　快速检索界面——输入检索提问式 1

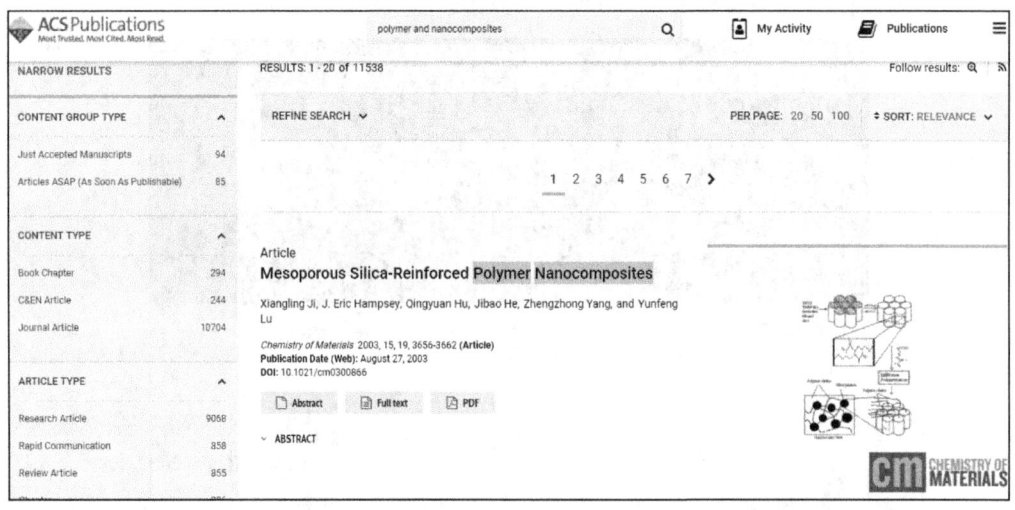

图 6-3-5　检索结果

(3)精炼检索。下拉图 6-3-5 REFINE SEARCH 菜单，在弹出的页面输入检索式 2，如图 6-3-6 所示，单击 Search 得检索结果 72 篇，如图 6-3-7 所示。

3)检索结果处理

(1)阅读文摘，单击 ABSTRACT ，阅读文摘。

(2)阅读、下载全文。单击 PDF ，订购用户可在线阅读或下载全文。

(3)非订购用户可下拉图 6-3-7 REFINE SEARCH 菜单，选择获取类型为免费(OA)获取，如图 6-3-8 所示；再单击 Search ，检索结果有 8 篇，如图 6-3-9 所示，单击 PDF 图标，免费阅读、下载全文。

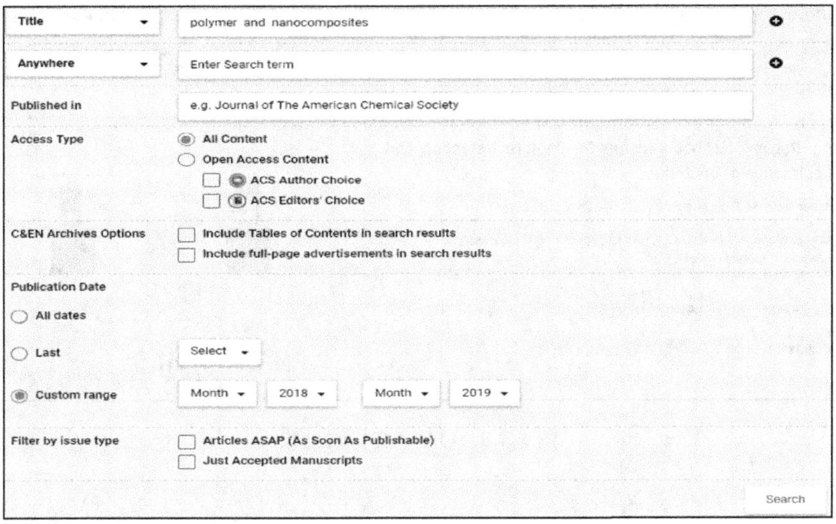

第 6 章 国外网络数据库信息的检索(综合-全文型)

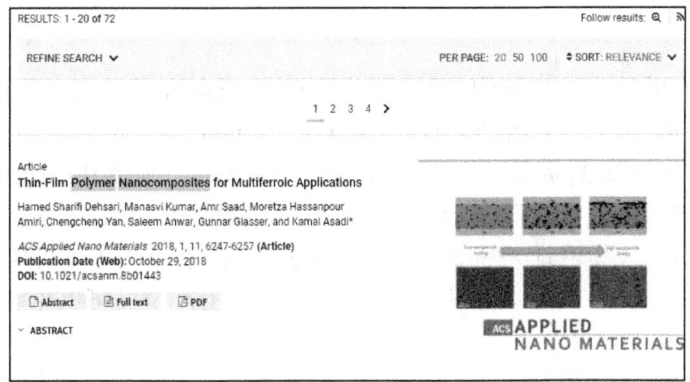

图 6-3-6 精炼检索界面——输入检索式 2

图 6-3-7 精炼检索结果

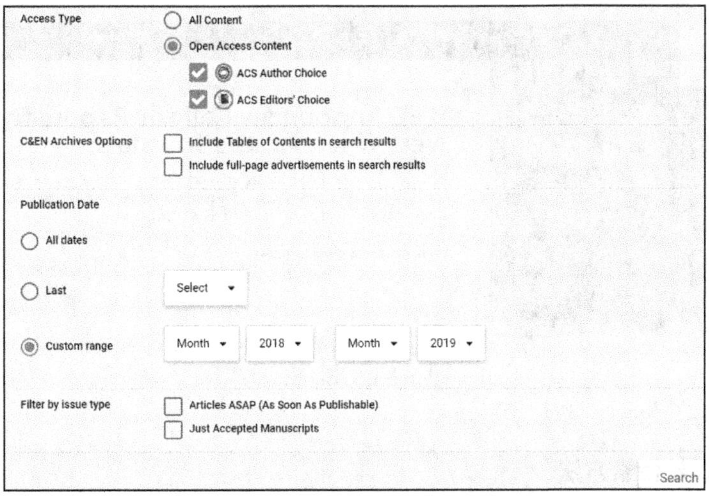

图 6-3-8 OA 全文选择页面

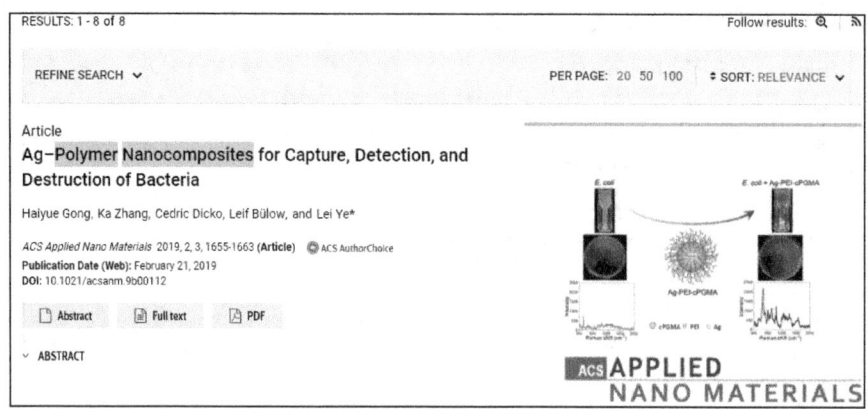

图 6-3-9　OA 全文检索结果

6.4　IEEE/IET Electronics Library

6.4.1　概述

IEEE/IET Electronics Library（IEL）主要包括 IEEE（Institute of Electrical and Electronics Engineers，美国电气电子工程师协会）和 IET（The Institution of Engineering and Technology，英国工程技术学会）出版的期刊、会议录、标准等全文信息，采用 IEEE Xplore 平台提供服务，每周更新。IEL 的数据最早可回溯到 1913 年，一般提供 1988 年以后的全文，部分期刊可阅览其预印本全文。网址为 http://ieeexplore.ieee.org，任何用户均可免费检索获取该数据库的文摘题录信息，订购用户可以下载全文，有部分 OA 全文可以免费下载，IEL 主页如图 6-4-1 所示。

图 6-4-1　IEL 主页

6.4.2　检索方式与检索方法

IEL 提供了 Browse（浏览）、Search（基本检索）和 Advanced Search（高级检索）3 种检索

方式。

1. Browse(浏览)

浏览按照文献类型又分为 Books(图书浏览)、Conference(会议浏览)、Course(课程浏览)、Journals & Magazines(期刊与杂志浏览)、Standards(标准浏览)5 种方式，参见图 6-4-1。

2. Search(基本检索)

Search(基本检索)界面如图 6-4-1 所示，是默认的检索界面，可输入单词、词组或使用逻辑算符构建的检索式，在所有字段中检索。

3. Advanced Search(高级检索)

Advanced Search 包括高级检索、命令检索和引文检索。高级检索为常用检索方式，检索框之间可使用布尔逻辑组配，在检索框内可输入单个检索词或短语，提供了题名、作者、出版物名称、文摘、索引词、作者工作单位、登记号、作者关键词、INSPEC 控制词或非控制词、IEEE 词等检索字段，检索界面如图 6-4-2 所示。

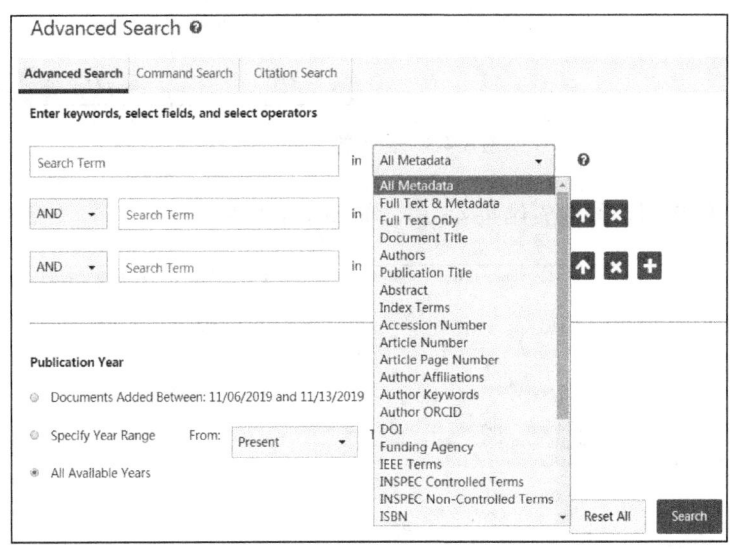

图 6-4-2　高级检索界面

6.4.3　检索实例

检索课题：电力系统瞬态稳定性分析

1)制定检索策略

(1)分析课题，选择检索词。

电力系统—power system；瞬态稳定性—transient stability；分析—analysis

(2)使用相关检索技术，构造检索提问式。

[power system and transient stability and analysis]/ti
(3) 检索要求：时间限制在 2015 年至今。
2) 实施检索策略
(1) 登录网址 http://ieeexplore.ieee.org，访问 IEL 主页。
(2) 打开高级检索界面，输入检索提问式，如图 6-4-3 所示。

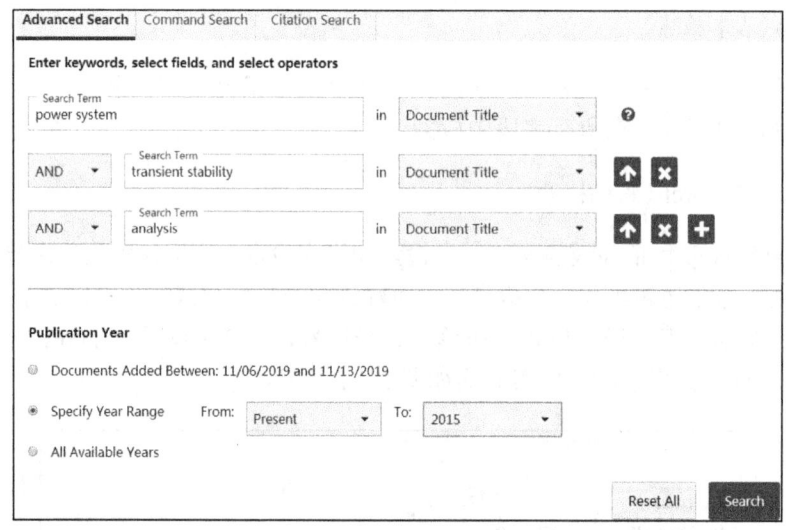

图 6-4-3　输入检索提问式

(3) 单击 Search 按钮，得检索结果 46 篇，如图 6-4-4 所示。

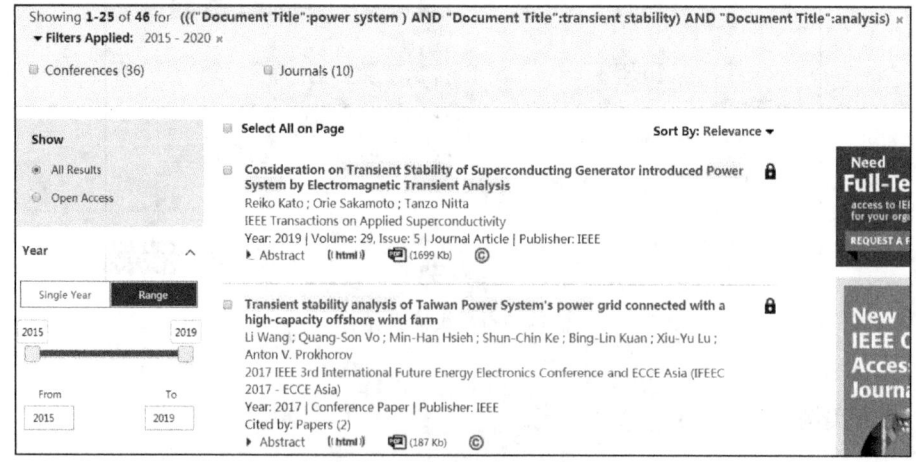

图 6-4-4　检索结果

3) 检索结果处理
(1) 单击 Abstract 链接，阅读文摘。
(2) 单击 PDF 图标，订购用户可阅读、下载全文。

(3)非订购用户可单击图 6-4-4 检索结果左侧的 Open Access 单选框，检索结果 3 篇，如图 6-4-5 所示，单击图标，可免费阅读、下载全文。

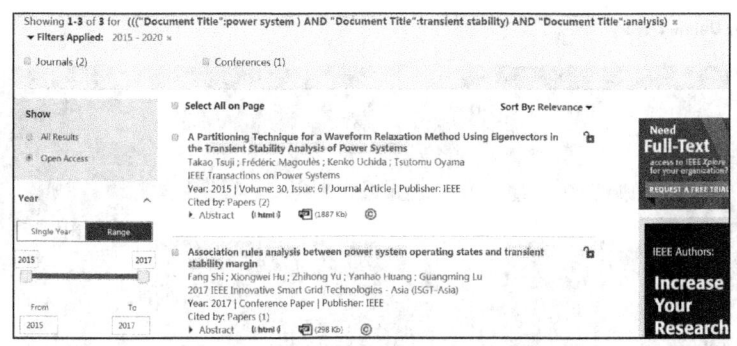

图 6-4-5　Open Access 检索结果

6.5　其他全文数据库选介

1. Springer

Springer 是 1996 年推出的一个电子出版物在线服务平台，学科涵盖建筑和设计、行为科学、生物医学和生命科学、商业和经济、化学和材料科学、计算机科学、地球和环境科学、工程学、人文、社科和法律、数学和统计学、医学、物理和天文学、计算机职业技术与专业计算机应用等。网址为 http://www.springer.com，主页如图 6-5-1 所示，提供基本检索方式。任何用户均可免费检索获取该数据库的文摘题录信息，订购用户可以下载全文。

图 6-5-1　Springer 主页

2. Wiley Online Library

Wiley Online Library 的前身为 Wiley InterScience，是一个综合性的服务平台，提供全文电子期刊、电子图书和电子参考工具书等检索。学科涵盖农业与食品科学，建筑与设计，艺术，商业、经济、金融与会计，化学，计算机科学与信息技术，地球与环境，人文科学，法律与犯罪，生命科学，数学与统计，医学，自然科学与工程，社会科学与行为科学等学科主题。网址为 http://onlinelibrary.wiley.com，主页如图 6-5-2 所示，提供基本检索、高级检索、学科主题浏览、出版物浏览等检索方式。任何用户均可访问并免费检索、获取该数据库的文摘题录信息，订购用户可以下载全文。

图 6-5-2　Wiley Online Library 主页

3. Nature 及其姊妹刊

Nature 在 1869 年创刊于英国伦敦，是世界上最负盛名和最权威的综合性自然科学期刊之一，网址为 http://www.nature.com，国内镜像服务站点：http://nature.calis.edu.cn。目前，国内用户除可以访问自 1997 年 6 月至最新出版的 Nature 周刊外，还可以查阅其姊妹刊物，即 Nature 出版集团（The Nature Publishing Group）出版的多种研究月刊和评论月刊，以及最新引进的 EMBO Journal 和 EMBO reports。EMBO Journal 是分子生物学的 10 种顶极期刊之一，EMBO reports 旨在报道分子生物学各个领域的短讯、快报和评论。Nature 期刊可检索自 1987 年以来的全文，其他期刊可检索 1997 年以来的全文。Naturre 国外站点首页如图 6-5-3 所示，单击首页 图标，弹出检索界面，提供基本检索与高级检索，如图 6-5-4 所示。国内镜像站点提供期刊浏览、简单查询和复杂查询等检索方式。

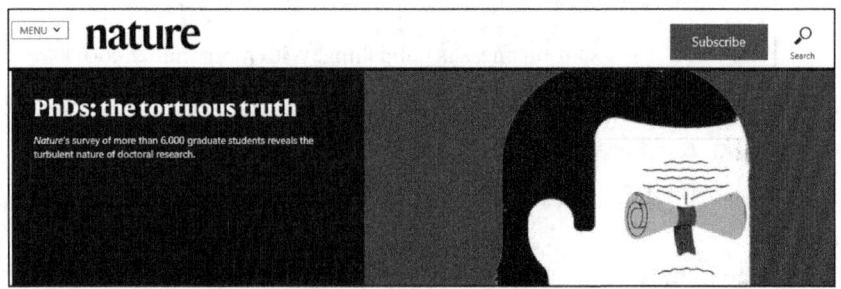

图 6-5-3　Nature 国外站点首页

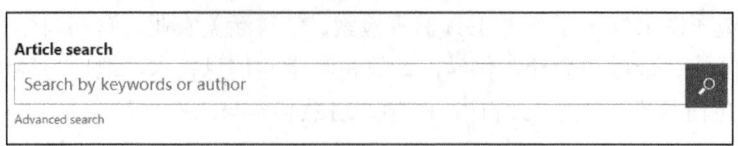

图 6-5-4　Nature 国外站点检索界面

4. AIP 电子期刊

AIP（American Institute of Physics，美国物理联合会）成立于 1931 年，主要提供物理学、天文学文献的出版、交流与教育服务。作为一家历史悠久、享誉世界的科学出版社，AIP 及其会员的出版物占据了全球物理学界研究文献 1/4 以上的内容，包含一般物理学、应用物理学、化学物理学、地球物理学、医疗物理学、核物理学、天文学、电子学、工程学、设备科学、材料科学、数学、光学、真空科学、声学等。对全世界的图书馆及机构而言，AIP 及其会员的期刊已成为物理学相关文献的核心。AIP 出版的期刊、会议录，通过 Scitation 平台为成员学会和相关学会提供电子版文献发行与检索服务，数据回溯至 1930 年。目前 Scitation 平台收录了 32 个出版社近 200 种科技期刊，任何 Scitation 平台出版物订购用户都可以使用该平台浏览和检索功能以及个性化服务。Scitation 平台的网址为 http://scitation.aip.org，主页如图 6-5-5 所示，主要提供快速检索方式。任何用户均可访问并免费检索获取该数据库的文摘题录信息，订购用户可以下载全文。

图 6-5-5　Scitation 平台

第7章 专利及专利信息的检索

7.1 专利及专利信息概述

7.1.1 知识产权与专利权

1. 知识产权的类型及法律特征

知识产权(Intellectual Property),指在法律上确认和保护人们在科学、技术、文学、艺术领域中从事智力活动而创造的精神财富所享有的权利,是法律赋予权利人对其智力创造成果所享有的某种专有权,可分为工业产权和版权两大类。工业产权包括专利权、商标权、名称标记权、禁止不正当竞争权等;版权包括文学和艺术作品、计算机软件和数据库等。

知识产权具有三种明显的法律特征。

一是独占性。指拥有该项权利的人对其智力成果、经营管理活动中的标志、信誉享有的独占权,其他任何人未经权利人的同意或未在法律规定的情况下不得行使其权利。

二是时间性。指知识产权只在法律规定的期限内受到保护。各国法律对知识产权分别规定了一定期限,期满后权利自动终止,即该知识产权所涉及的智力成果、经营管理活动中的标志、信誉就成为社会的共同财富,所有人都可以自由地、无偿地使用。

三是地域性。指在没有其他条约存在的情况下,其知识产权的效力仅限于产生国的领土范围。经一国法律确认的知识产权,仅在该管辖范围内得到保护,其他任何国家、任何地区的任何人在该国外使用该知识产权都无须得到权利人的许可和支付使用费。权利人要想得到其他国家的法律保护,就必须向其他国家提出申请并获得批准。

2. 专利权及法律特征

专利权(Patent Right),简称专利,是发明创造人或其权利受让人对特定的发明创造在一定期限内依法享有的独占实施权。从知识产权的角度,专利应同时包括以下三方面的含义:

(1)依法在一定时期内授予发明创造人或者其权利继受人独占使用其发明创造的权利,即专利权;

(2)指受到专利法保护的发明创造,即专利技术,是受国家认可并在公开的基础上进行法律保护的专有技术。

(3)指记载着发明创造技术内容和受专利法保护技术范围的专利说明书。

专利权具有四种明显的法律特征。

(1)排他性。专利权是一种专有权,这种权利具有独占的排他性,表现为必须依法征得专利权人的同意或许可才能使用其专利技术。

(2)时间性。专利权的法律保护具有时间性,指在一定期限内有效,即在法律规定的专利期限届满后，专利权就自行终止，该发明创造归社会所有，所有人都可自由使用、制造和销售。

(3) 地域性。专利权是一种有区域范围限制的权利，是指一个国家颁发的专利权，仅在该国境内有效，对其他国家没有任何约束力，如果需要在其他国家获得保护，就必须向其他国家申请。

(4) 优先权。优先权是指专利申请人就其发明创造第一次在某国提出专利申请后，在法定期限内，又就相同主题的发明创造提出专利申请，后申请的以第一次专利申请的日期作为其申请日，专利申请人依法享有的这种权利，即为优先权。以我国专利法为例，优先权可分为本国优先权和外国优先权。

本国优先权，指专利申请人就相同主题的发明或者实用新型在国内第一次提出专利申请之日起 12 个月内，又向国内提出专利申请的，可以享有优先权。在我国优先权制度中不包括外观设计专利。

外国优先权，指专利申请人自发明或者实用新型在外国第一次提出专利申请之日起 12 个月内，或者自外观设计在外国第一次提出专利申请之日起 6 个月内，又在中国就相同主题提出专利申请的，依照该外国同中国签订的协议或者共同参加的国际条约，或者依照相互承认优先权的原则，可以享有优先权，以其在外国第一次提出专利申请之日为申请日，该申请日即优先权日。

7.1.2 专利的种类

各国专利法对专利种类的划分的规定不尽相同，我国专利法中规定的专利种类有三种。

1. 发明

发明是利用自然法则在技术上的创造。我国专利法规定的发明是指对产品、方法及其改进所提出的新的技术方案，保护期为 20 年，包括产品发明、方法发明两大类。

(1) 产品发明，指通过研究开发出来的关于各种新产品、新材料、新物质等的技术方案。产品可以是一个独立、完整的产品，也可以是一个设备或仪器中的零部件。主要包括制造品(如机器、设备)和各种材料(如化学物质、组合物等)。例如，一种生物材料和组织工程材料(ZL01129618.6)。产品发明获得专利权后，称为产品专利。产品专利只保护产品本身，不保护该产品的制造方法。

(2) 方法发明，指把一种物品或者物质改变成另一种状态或另一种物品或物质所利用的手段和步骤的技术方案。方法可以是由一系列步骤构成的一个完整过程，也可以是一个步骤。主要包括制造特定产品的方法、测量方法、分析方法、通信方法等。例如，一种用淀粉制备酚醛树脂的方法(ZL200710178709.0)。方法发明获得专利权后，称为方法专利。方法专利的保护延及进口或者在我国境内使用或者销售的用该方法直接获得的产品。

2. 实用新型

实用新型又称小发明或小专利。实用新型与发明的不同之处在于：一是实用新型只限于具有一定形状的产品,不能是一种方法,也不能是没有固定形状的产品;二是对实用新型的创造性要求不太高。我国专利法规定的实用新型指对产品形状、构造或者其结合所提出的适于实用的新的技术方案,相对于发明,其创造性较低,保护期为10年,包括产品形状与产品构造两大类。

(1)产品形状,指对产品的三维形态的空间外形所提出的技术方案,例如,一种圆形凸轮传动装置(ZL200920157082.5);也可以是对产品的二维形态所提出的技术方案,例如,塑钢窗用型材断面结构(ZL02212561.2)。

(2)产品构造,指对产品的各个组成部分的安排、组织和相互关系。可以是机械构造,例如,一种水果分级筛选机(200520081227.X);也可以是线路构造,例如,可驱动复数同步整流的线路构造(ZL200720126527.4)。

3. 外观设计

外观设计与发明或实用新型完全不同,是针对产品形状的外观美感,不涉及技术效果而进行的设计。我国专利法所规定的外观设计专利指对产品、图案、色彩及其结合所做出的富有美感,并适于工业上应用的新设计,保护期为10年。包括产品的形状,产品的图案,产品的形状和图案,产品的形状和色彩,产品的图案和色彩,产品的形状、图案和色彩。例如,酒店建筑(光电瀑布)(ZL200930290104.0)。

7.1.3 专利的申请、审查和授权

1. 申请条件

世界上绝大多数国家申请专利的条件大致相同。我国专利法规定,一项发明创造要想获得专利权,必须具备新颖性、创造性和实用性。

(1)新颖性,是指在申请日以前没有同样的发明或者实用新型在国内外出版物上公开发表过、在国内公开使用过或者以其他方式为公众所知,也没有同样的发明或者实用新型由他人向专利主管部门提出过申请并且记载在申请日以后公布的专利申请文件中。出版物指各种印刷的、打字的纸件,如专利文件、著作、学术论文、正式公布的会议记录或者技术报告、报纸等,还包括采用其他方法制成的各种有形载体,如采用电、光、照相等方法制成的各种缩微胶片、影片、照相底片、磁带、唱片、光盘等。

(2)创造性,是指同申请日以前已有的技术相比,该发明有突出的实质性特点和显著的进步,该实用新型有实质性特点和进步。发明有突出的实质性特点,是指发明相对于现有技术,对所属技术领域的技术人员来说,是非显而易见的。如果发明是其所属技术领域的技术人员在现有技术的基础上通过逻辑分析、推理或者有限的试验可以得到的,则该发明是显而易见的,也就不具备突出的实质性特点。发明有显著的进步,是指发明与最接近的现有技术相比能够产生有益的技术效果,例如,发明克服了现有技术中存在的缺点和不足,或者为解决某一技术问题提供了一种不同构思的技术方案,或者代表了某种新的技术发展趋势。

(3)实用性,是指该发明或者实用新型能够制造或者使用,并且能够产生积极效果。这

里说的能够制造或者使用是指必须能够在产业上制造或者使用。换言之，如果申请的是一种产品（包括发明和实用新型），那么该产品必须在产业中能够制造；如果申请的是一种方法（仅限发明），那么这种方法必须在产业中能够使用，并且能够解决技术问题。只有满足上述条件的产品或者方法，专利申请才可能被授予专利权。能够产生积极效果，是指发明或者实用新型专利申请在提出申请之日，其产生的经济、技术和社会的效果是所属技术领域的技术人员可以预料到的，而这些效果应当是积极的和有益的。

2. 申请文件、审查与授权

各国专利法规定，对专利要经过申请、审查、批准和公布等程序。

1) 申请文件

申请发明或者实用新型专利，应提交请求书、说明书及其摘要、附图和权利要求书等文件。

（1）请求书，是确定发明或者实用新型专利申请的依据，应写明发明或者实用新型的名称，发明人的姓名，申请人姓名或者名称、地址，以及其他事项。

（2）说明书及其摘要。说明书应对发明或者实用新型作出清楚、完整的说明，以所属技术领域的技术人员能够实现为准；摘要应简要说明发明或者实用新型的技术要点。

（3）附图，是实用新型专利申请的必要文件，发明专利申请如为产品应提交附图。附图应当使用绘图工具和黑色墨水绘制，不得涂改或易被涂擦。

（4）权利要求书。应以说明书为依据，说明发明或者实用新型的技术特征，清楚、简要地限定要求专利保护的范围。

申请外观设计专利的，应提交请求书以及该外观设计的图片或者照片等文件，提交的有关图片或者照片应清楚地显示要求专利保护产品的外观设计，应写明使用该外观设计的产品及其所属的类别。

2) 审查与授权

目前，世界各国专利的审查制度分形式审查制、实质性审查制和早期公开延迟审查制三种。

（1）发明专利申请的审查与授权。我国的发明专利申请的审查采用早期公开延迟审查制，这种审查制能及早公布专利技术，可及时地获得专利信息，有利于技术发展，并避免了专利申请的积压现象，但审查时间较长，专利说明书从申请到批准公布需要出版若干次。其审查程序如下：

①受理。符合受理条件的，国家知识产权局专利局将确定申请日，给予申请号，并且核实文件清单后，发出受理通知书，通知申请人。

②形式审查。对符合受理条件的专利申请先作形式审查，审查内容主要包括是否属于我国专利法中不授予专利权的范围，是否明显缺乏技术内容不能构成技术方案，申请文件是否齐备及格式是否符合要求，若是外国申请人还要进行资格审查及申请手续审查。形式审查不合格的，国家知识产权局专利局将通知申请人在规定的期限内补正或陈述，逾期不答复的，申请将被视为撤回。经答复仍不合格的，予以驳回。

③公布。经形式审查认为符合我国专利法要求的，自申请日起满18个月，即行公布专

利申请说明书(也可以根据申请人的请求早日公布其申请),申请人获得专利申请临时保护的权利。

④实质审查。发明专利申请公布以后,自申请日起 3 年内,国家知识产权局专利局可以根据申请人随时提出的请求,对其申请进行实质审查(即新颖性、创造性和实用性审查)。经审查认为不符合我国专利法规定的,将通知申请人在指定的期限内陈述意见或进行修改,无正当理由逾期不答复的,该申请被视为撤回,经多次答复申请仍不符合我国专利法规定的,予以驳回。申请人无正当理由逾期不请求实质审查的,该申请即被视为撤回。

⑤授权。发明专利申请经实质审查没有发现驳回理由的,由国家知识产权局专利局作出授予发明专利权的决定,发给发明专利证书,同时予以登记和公告。发明专利权自公告之日起生效。

(2)实用新型、外观设计专利申请的审查与授权。我国的实用新型和外观设计专利申请采用的是形式审查制(也称登记制),经形式审查没有发现驳回理由的,由国家知识产权局专利局作出授予实用新型专利权或者外观设计专利权的决定,发给相应的专利证书,同时予以登记和公告。实用新型专利权和外观设计专利权自公告之日起生效。

7.1.4 专利信息的类型和特点

1. 专利信息的类型

专利信息从狭义上分主要指专利说明书;从广义上分还包括专利公报、专利分类表等。专利说明书的种类与各国专利法密切相关,一般分为以下三种。

(1)发明专利说明书,是各国专利信息的主体,由扉页、发明内容和附图(必要时)三部分组成。扉页上记录技术、法律和经济方面的信息,其著录格式采用国际标准 INID 码。发明内容包括权利要求书、说明书。权利要求书是确定发明创造专利权范围的依据,具有直接的法律效力;说明书是清楚、完整地描述发明创造技术内容的文件,各国对说明书描述发明创造技术的规定大体相同。附图是补充说明书文字部分的文件,说明书有附图的,对各幅附图作简略说明。

(2)实用新型专利说明书,由扉页、发明内容和附图(必须)三部分组成。《中华人民共和国专利法实施细则(2010 修订)》规定,实用新型专利说明书应当有表示要求保护的产品的形状、构造或者其结合的附图。

(3)外观设计专利,一般没有发明内容和权利要求,只是外观设计产品的若干图片或照片。

2. 专利信息的特点

专利信息具有内容新颖、广泛,反映新技术快、可靠性强,撰写格式规范统一、文体结构标准、文字严谨、分类体系统一的特点,最显著的特点是将技术信息、法律信息和经济信息融为一体。

(1)技术信息。专利信息详细记载解决某项课题的最新技术方案,其技术信息主要见之于专利名称、分类、权利要求、摘要、全文或附图中,可供了解世界上的新技术,可为解决技术难题提供参考，进行技术预测，开发新技术领域；也可由此触发灵感，启发人们进行新的发明创造。

(2)法律信息。专利信息也是一种法律性文件，其法律信息可从以下几方面显示出来：①权利要求书，是申请人请求保护的技术范围，可根据权利要求判断专利权是否受到侵犯或侵犯他人权利；②专利申请日期，是取得临时保护的依据，从申请日起，说明书公布的技术内容，法律上将给予临时保护，可根据各国对专利权保护期不同的规定，判断专利权是否有效；③优先权日期，可了解某发明的原始国和向多国申请专利的情况。

(3)经济信息。专利信息中的经济信息可从以下几方面显示出来：①同族专利的数量，是一种重要的经济信息，它反映了某专利技术在世界范围的覆盖面、技术市场和经济地位；②专利权人，通过专利权人，可了解某一专门领域活跃的企业和技术水平，有助于估计未来的技术、经济和市场范围的竞争；③有效期及实施情况，通过专利技术有效期及实施情况，可综合分析竞争对手的技术实力、投资规模、市场销售等。

7.1.5 专利分类表

目前，国际上通用的专利分类表是《国际专利分类表》和《国际外观设计分类表》。

1. 《国际专利分类表(2018 版)》

1)概况

《国际专利分类表》(International Patent Classification，IPC)于 1968 年 9 月 1 日公布第 1 版。IPC 采用功能和应用相结合的分类原则，按发明的技术主题设置类目，为专利信息的分类、检索和利用提供了极大的方便，已成为世界各国分类和检索专利信息的重要工具。

2)分类体系

IPC 以等级结构的形式将技术内容按部、分部、大类、小类、大组、小组逐级分类，组成一个完整的分类体系。IPC 设有 8 个部、22 个分部，8 个部的类号用大写字母 A～H 表示，分部无类号。部和分部的类名包括申请发明专利的全部技术领域，类号和类名如下。

A 部—人类生活必需
分部：1. 农业　2. 食品；烟草　3. 个人或家用物品　4. 保健；救生；娱乐
B 部—作业；运输
分部：1. 分离；混合　2. 成型　3. 印刷　4. 交通运输　5. 微观结构技术；纳米技术
C 部—化学；冶金
分部：1. 化学　2. 冶金　3. 组合技术
D 部—纺织；造纸
分部：1. 纺织或未列入其他类的柔性材料　2. 造纸
E 部—固定建筑物
分部：1. 建筑　2. 土层或岩石的钻井；采矿
F 部—机械工程；照明；加热；武器；爆破
分部：1. 发动机或泵　2. 一般工程　3. 照明；加热　4. 武器；爆破
G 部—物理

分部：1. 仪器 2. 核子学

H 部——电学

2. 《国际外观设计分类表(第 12 版)》

《国际外观设计分类表》(International Classification for Industrial Designs)用于外观设计专利的分类与检索，第 12 版于 2019 年 1 月 1 日正式实施。

7.2 中国专利信息及其检索

7.2.1 概述

中国自 1985 年 4 月 1 日颁布实施专利法以来已经历了 3 次修订，第 3 次修订的专利法于 2008 年 12 月 27 日颁布，2009 年 10 月 1 日起施行。目前，中国专利信息的主体是发明专利说明书(包括申请公开说明书和授权说明书)、实用新型专利说明书及其题录与文摘、外观设计专利的题录及其有关附图，其次是各种专利公报与索引。

1. 中国专利说明书的种类

1) 1985～1992 年说明书的种类

发明专利申请公开说明书——经形式审查后出版；

发明专利申请审定说明书——经实质审查后但尚未授权时出版；

实用新型专利申请说明书——经形式审查后出版；

外观设计申请公告——经形式审查后，只在专利公报上公告。

2) 1993 年以来说明书的种类

发明专利申请公开说明书——经形式审查后出版；

发明专利说明书——经实质审查合格授权时出版，取代发明专利申请审定说明书；

实用新型专利说明书——经形式审查合格授权时出版，取代实用新型专利申请说明书；

外观设计授权公告——经形式审查合格即可授权，在外观设计公报上公告。

2. 中国专利申请号、说明书及专利号的编号体系

1985 年中国实行专利制度以来，中国专利申请号、说明书及专利号的编号体系经历了四个阶段，各阶段编号详见表 7-2-1～表 7-2-4。

表 7-2-1 1985～1988 年编号体系(第一阶段)

专利类型	申请号	公开号	公告号	审定号	专利号
发明	88101718	CN88101718A		CN88101718B	ZL 88101718
实用新型	88203725		CN88203725U		ZL88203725
外观设计	88300707		CN88300707S		ZL88300707

表 7-2-2　1989~1992 年编号体系（第二阶段）

专利类型	申请号	公开号	公告号	审定号	专利号
发明	89108107.0	CN1041244A		CN1012778B	ZL89108107.0
实用新型	89216381.X		CN2061740U		ZL89216381.X
外观设计	89300359.X		CN3004865S		ZL89300635.1

表 7-2-3　1993~2004 年 6 月 30 日编号体系（第三阶段）

专利类型	申请号	公开号	授权公告号	专利号
发明	99806204.9	CN1301411A	CN1160827C	ZL99806204.9
指定中国发明专利的 PCT 国际申请	01807988.1	CN1422139A	CN1217629C	ZL01807988.1
实用新型	99214231.8		CN2380334Y	ZL99214231.8
指定中国实用新型专利的 PCT 国际申请	98900003.6		CN2565242Y	ZL98900003.6
外观设计	02344550.5		CN3294516D	ZL02344550.5

表 7-2-4　2004 年 7 月 1 日以来编号体系（第四阶段）

专利类型	申请号	公开号	授权公告号	专利号
发明	200710147468.3	CN101139383A	CN101139383B	ZL200710147468.3
指定中国发明专利的 PCT 国际申请	200480020150.3	CN1823532A	CN1823532B	ZL200480020150.3
实用新型	200920218597.1		CN201529178U	ZL200920218597.1
指定中国实用新型专利的 PCT 国际申请	200990100216.8		CN201989420U	ZL200990100216.8
外观设计	200930290104.0		CN301493411S	ZL200930290104.0

注：表 7-2-1~表 7-2-4 中的公开号、公告号、审定号、授权公告号为专利说明书编号

7.2.2　国家知识产权局专利检索及分析系统

国家知识产权局专利检索及分析系统收录了 103 个国家、地区和组织的专利数据，可检索 1985 年 9 月 10 日以来中国公布的发明、实用新型和外观设计三种专利的题录及摘要，可浏览说明书全文及外观设计图形，网址为 http://www.cnipa.gov.cn 或 http://www.pss-system.gov.cn，主页如图 7-2-1 所示。

1. 检索方式与检索方法

使用专利检索及分析系统，先单击图 7-2-1 上方的"免费注册"进行注册，注册用户方能阅读、下载全文信息。该系统提供了常规检索、高级检索、导航检索、药物检索等方式。

(1) 常规检索，是系统默认的检索方式，可使用布尔检索技术进行组配，算符用 AND、OR。检索方式系统默认为自动识别，参见图 7-2-1，也可以选择其他检索方式，如图 7-2-2 所示。

(2) 高级检索，可进行字段检索和编辑检索式检索。字段检索有 14 个可检字段，各检索字段之间使用的检索技术固定为布尔逻辑与(AND)的关系，在检索字段内，使用的检索规则参见系统的浮标提示。

图 7-2-1　专利检索及分析系统主页

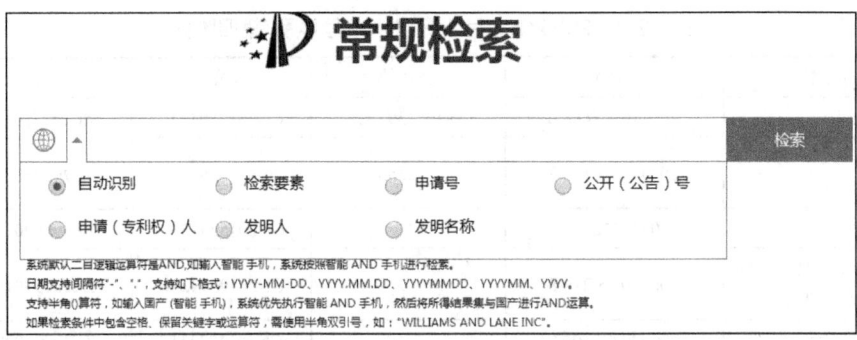

图 7-2-2　常规检索界面及检索方式

(3) 药物检索，提供高级检索、方剂检索和结构式检索，高级检索界面如图 7-2-3 所示。

图 7-2-3　药物检索高级检索界面

2. 检索实例

检索课题：神经网络模式识别研究的技术与方法

1) 编制检索策略

(1) 分析课题，选择检索词。

神经网络模式识别

(2) 使用相关检索技术，构造检索提问式。

神经网络模式识别/发明名称

2) 实施检索策略

(1) 登录网址 http://www.pss-system.gov.cn，访问国家知识产权局专利检索及分析系统主页，首先注册，获得用户名和密码，然后登录。

(2) 在主页单击按钮，打开高级检索界面，在"发明名称"字段输入检索提问式，如图 7-2-4 所示。

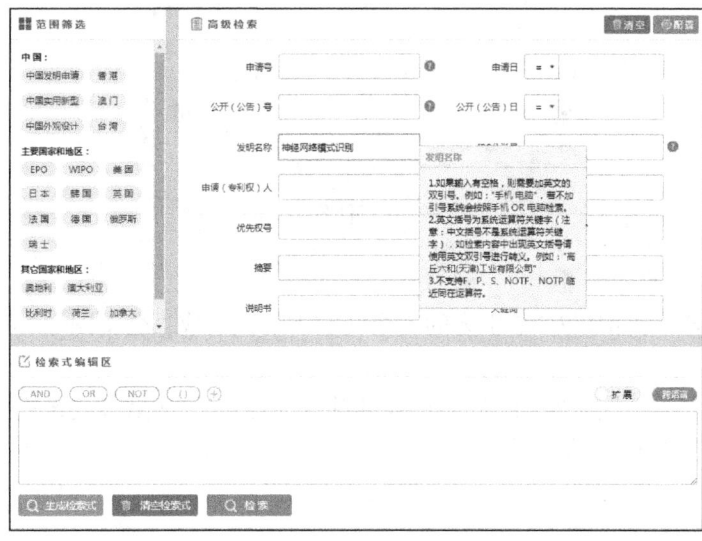

图 7-2-4 高级检索界面——输入检索提问式

(3) 单击 检索 按钮，得检索结果 5 条，如图 7-2-5 所示。

图 7-2-5 检索结果页面

3)检索结果处理

(1)浏览文摘。在检索结果页面单击 [详览] 图标,即可浏览单篇文摘,如图 7-2-6 所示。也可单击图 7-2-5 右方的 [✓] 图标全选,再单击 [≡] 图标,批量浏览文摘。

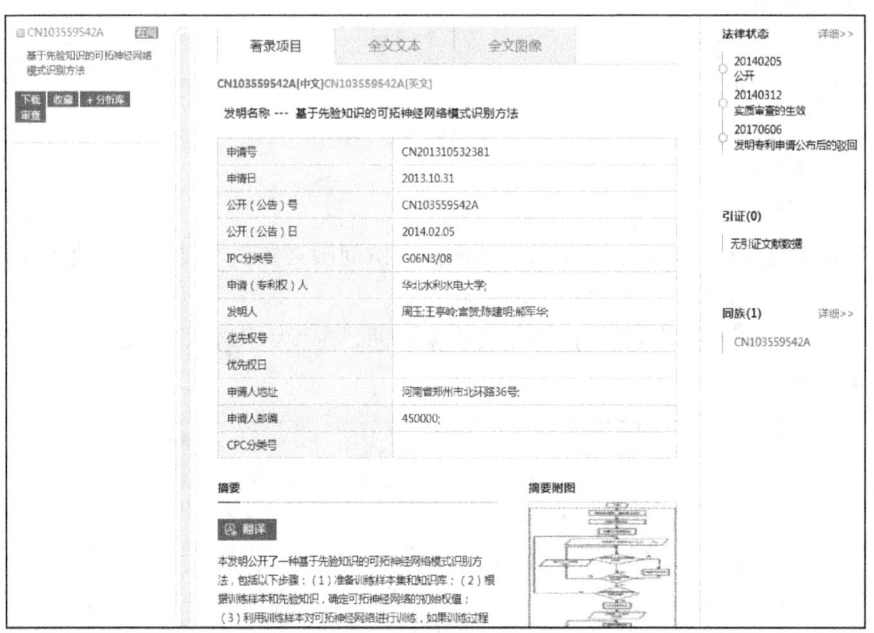

图 7-2-6 文摘页面

(2)阅读全文。单击图 7-2-6 上方的"全文文本"链接或"全文图像"链接,阅读不同版本的专利说明书。

(3)下载全文。单击图 7-2-6 左方的 [下载] 按钮,在弹出的文献下载设置页面选择下载文本的版本,填写验证码,单击 [下载] 按钮即可,如图 7-2-7 所示。

图 7-2-7 文献下载设置页面

7.3 美国专利信息及其检索

7.3.1 概述

美国自 1790 年实行专利制度后，200 多年来对专利法进行了多次修订，其中变化最重大的是 1999 年对其专利法进行的修改，将延续了 200 多年的专利实质性审查制改为早期公开延迟审查制，于 2000 年 3 月 29 日生效，目前出版的专利信息主要有以下几种。

(1) 发明专利申请公开说明书(United States Patent Application)——2001 年 3 月 15 日开始出版。

(2) 发明专利说明书(United States Patent)——经实质审查授予专利权时出版的专利说明书，占美国专利信息总量的 95% 以上，自 1790 年开始出版。

(3) 植物专利申请公开说明书(United States Plant Patent Application)——自 2001 年 3 月 15 日开始出版。

(4) 植物专利说明书(United States Plant Patent)——自 1930 年开始出版。

(5) 设计专利说明书(Design Patent)——经实质审查授予专利权时出版的外观设计专利说明书，自 1843 年开始出版。

(6) 再公告专利说明书(Reissued Patent)——发明专利授权后 2 年之内，发明人提交再公告专利申请授予的再公告专利说明书。再公告专利说明书中可以修改权利要求，但不允许加入新的实质性内容。凡是原说明书内容删掉的部分用【】注明，新增加的部分用斜体字以示区别。1838 年开始出版并单独编号。

(7) 依法登记的发明说明书(Statutory Invention Registration)——依法登记的发明说明书的前身是防卫性公告(Defensive Publication)，1985 年更名。依法登记的发明说明书不是专利，它具有专利的防卫性特征，而不具有专利的实施性特征。当发明人认为自己的发明不值得或不愿意申请正式专利，但又怕别人以相同的发明申请专利时，选择依法登记的发明说明书，使相同的发明丧失新颖性，可起到保护发明人利益的作用。

美国专利信息种类与编号见表 7-3-1。

表 7-3-1 美国专利信息种类和编号

专利说明书种类	2001 年以前编号	2001 年以后编号
发明专利申请公开说明书	无	US2008191654A1
发明专利说明书	6167568	US8090475 B2(B1)
植物专利申请公开说明书	无	US20110321207P1
植物专利说明书	Plant 10810	USPP22447 P2
设计专利说明书	Des 406207	US D651627 S1(S)
再公告专利说明书	Re 36128	USRE38399E1(E)
依法登记的发明说明书	H1234 (1985 年 3 月 12 日起)	USH1523H
防卫性公告	T999003 (1968 年~1985 年 3 月)	

7.3.2 美国专利与商标局专利数据库

美国专利与商标局专利数据库主要由授权专利数据库和专利申请公开数据库组成。授权专利数据库可检索 1790 年以来授权的专利，专利申请公开数据库可检索 2001 年以来公布的专利。登录网址 http://www.uspto.gov/patents/process/search，访问专利数据库选择界面，参见图 7-3-1。

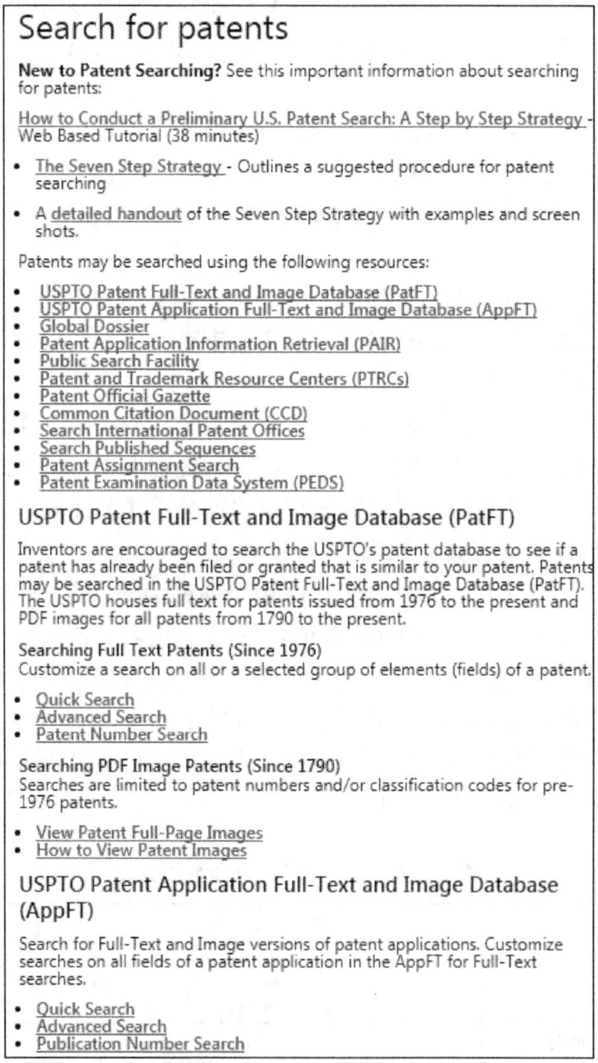

图 7-3-1 专利数据库选择界面

1. 检索方式与检索方法

授权专利数据库提供快速检索（Quick Search）、高级检索（Advanced Search）和专利号检索（Patent Number Search）3 种方式，可检索 1976 年以来的专利，1790～1975 年的专利则只能使用专利号和分类号检索,全文为扫描图像,参见图 7-3-1 中部。

专利申请公开数据库提供快速检索(Quick Search)、高级检索(Advanced Search)和出版号检索(Publication Number Search)3 种方式,可检索 2001 年以来的申请公开专利,参见图 7-3-1 下部。

1) Quick Search(快速检索)

快速检索界面(图 7-3-2)提供了两个检索框,检索词之间和检索框内可使用布尔检索技术,算符为 AND、OR、ANDNOT;单个检索词可使用无限后截词检索技术,算符为$,短语不能使用截词符;可使用短语检索技术,短语须用双引号,如" climbing robot ";可使用字段限制技术,如 Title(标题)、Abstract(文摘)等。

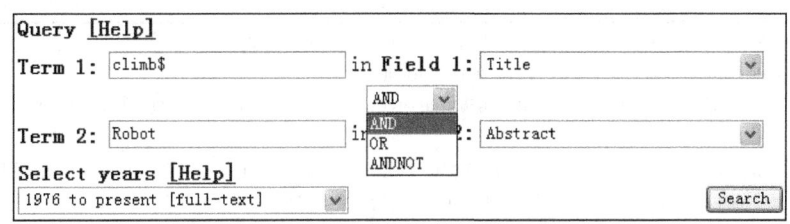

图 7-3-2　快速检索界面——输入检索提问式

2) Advanced Search(高级检索)

高级检索界面如图 7-3-3 所示,高级检索可使用的检索技术与快速检索类似,但检索式的输入与快速检索完全不同,要求输入完整的检索提问式,字段代码用前缀表示(表 7-3-2),检索方法参见检索实例。

3) Patent Number Search(专利号检索)或 Publication Number Search(出版号检索)

已知专利号或出版号欲查找专利说明书全文时,应使用专利号或出版号检索。输入专利号时应当注意,除发明专利外,其他专利如设计专利、植物专利、再公告专利、依法登记的发明(防卫性公告)等必须在号码之前输入代表专利类型的前缀(D、PP、RE、H (T))。

表 7-3-2　美国专利与商标局专利数据库常用检索字段

字段代码	字段英文名	字段中译名
ABST	Abstract	摘要
ACLM	Claim(s)	权利要求
ACN	Assignee Country	专利权人所在国家
AN	Assignee Name	专利权人名称
APD	Application Date	申请日
APN	Application Serial Number	申请号
APT	Application Type	专利申请类型
CCL	Current US Classification	现行美国分类号
ICL	International Classification	国际专利分类号
ICN	Inventor Country	发明人所在国家

续表

字段代码	字段英文名	字段中译名
IN	Inventor Name	发明人姓名
ISD	Issue Date	出版日期
PCT	PCT Information	PCT 信息
PN	Patent Number	专利号
PRIR	Foreign Priority	国外优先权
REIS	Reissue Data	再公告日
SPEC	Description/Specification	说明书
TTL	Title	发明名称

注：(1)日期字段(如 APD、ISD、REIS)，在检索时可采用以下 3 种输入方式。

①年月日：年代为 4 位数，月、日采用 2 位数。例如，20040615。

②月-日-年：月份既可用阿拉伯数字表示，也可用英文单词或英文缩写表示，日为 2 位数，年用 4 位数。例如，06-15-2004、june-15-2004 或 jun-15-2004。

③月/日/年：月份既可用阿拉伯数字表示，也可用英文单词或英文缩写表示，日为 2 位数，年用 4 位数。例如，06/15/2004、june/15/2004、jun/15/2004。若检索某一时间段的专利，可利用运算符→，例如，ISD/06/15/1994→06/15/2004。

(2)号码字段(如 APN)：不足 6 位，在号码前添加数字"0"。

(3)分类字段(如 CCL、ICL)：国际专利分类号的输入格式为 ICL/B01d053/00，美国专利分类号的输入格式为 CCL/主分类/二级分类。例如，CCL/96/134。

2. 检索实例

检索课题：模式识别与神经网络

1)编制检索策略

(1)选择检索词。

模式识别—pattern recognition；神经网络—neural networks

(2)使用相关检索技术，构造检索提问式。

TTL/" pattern recognition " and TTL/" neural networks "

2)实施检索策略

(1)登录网址 http://www.uspto.gov/patents/process/search，访问专利数据库选择界面。

(2)打开授权专利数据库的高级检索界面，输入检索提问式，如图 7-3-3 所示。

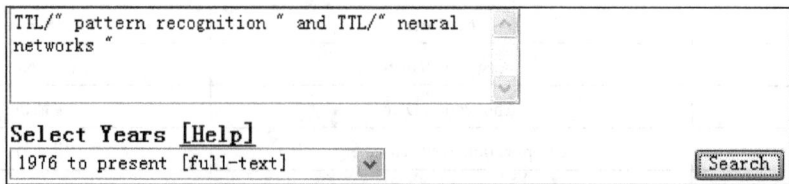

图 7-3-3 高级检索界面——输入检索提问式

(3)单击 Search 按钮，得检索结果 5 条，如图 7-3-4 所示，单击专利号或标题可浏览专利说明书全文。

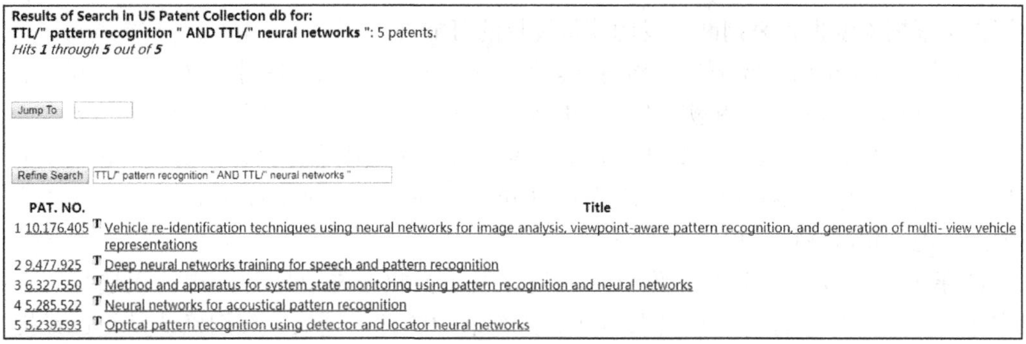

```
Results of Search in US Patent Collection db for:
TTL/" pattern recognition " AND TTL/" neural networks ": 5 patents.
Hits 1 through 5 out of 5

Jump To  [      ]

Refine Search  [TTL/" pattern recognition " AND TTL/" neural networks "]

PAT. NO.                    Title
1 10,176,405  T Vehicle re-identification techniques using neural networks for image analysis, viewpoint-aware pattern recognition, and generation of multi- view vehicle representations
2 9,477,925   T Deep neural networks training for speech and pattern recognition
3 6,327,550   T Method and apparatus for system state monitoring using pattern recognition and neural networks
4 5,285,522   T Neural networks for acoustical pattern recognition
5 5,239,593   T Optical pattern recognition using detector and locator neural networks
```

图 7-3-4　检索结果

7.4　欧洲专利信息及其检索

7.4.1　概述

欧洲专利公约是一个地区性国家间专利组织，仅是一个负责审查和授予欧洲专利的公约，只对欧洲国家开放。欧洲专利公约为各成员国提供了一个共同的法律制度和统一授予专利的程序。审查程序采取早期公开、延迟审查及授权后的异议制度。提出欧洲专利申请时，可以指定一个、几个或全部成员国。一旦依照公约授予专利权，即可在所有指定的成员国生效，与指定的各成员国依国家法授予的专利具有同等效力，欧洲专利权有效期是自申请日起 20 年。对于欧洲专利的维持、行使、保护，以及他人请求宣告欧洲专利无效，均由各指定的成员国依照国家法进行。欧洲专利目前包括 38 个成员国在内约 90 多个国家的专利，专利说明书全文以 PDF 格式存储，说明书使用本国文字，申请途径和申请、授权程序如下。

1. 申请途径

通过巴黎公约向欧洲专利局申请。巴黎公约是指在本国申请后，在专利申请日（即优先权日）起 12 个月届满前向欧洲专利局提出专利申请，可以享受优先权的待遇，即对外国申请的新颖性判断时间界定在优先权日之前，并且可以影响他人在优先权日后、外国申请日前这一期间提出申请的新颖性。

通过专利合作条约（PCT）向欧洲专利局申请。PCT 是有关专利申请的国际条约。根据 PCT 的规定，专利申请人可以通过 PCT 途径递交国际申请，向多个国家申请专利，可以将优先权期限从 12 个月延长到 30 个月向其成员国申请国家专利。欧洲专利局将进入的期限延长为自优先权日起 31 个月。

2. 申请、授权程序

（1）提交申请。申请人可以英语、法语或德语向欧洲专利局提交申请文件。
（2）检索。欧洲专利局对与申请专利有关的现有技术文件进行检索，并公布检索报告，申请人可根据检索报告来判断其发明获得授权的可能性。

(3) 公布专利申请。欧洲专利局将于自优先权日(申请日)起18个月内公布专利申请。

(4) 提出实质审查请求和实质审查。申请人可在申请同时或在欧洲专利局的检索报告公布日起6个月内提出实质审查请求，同时需从欧洲成员国中指定具体成员国。提出实质审查后进入实审程序，在提出实质审查后1~3年内收到欧洲专利局的审查意见，应根据审查员的意见进行辩驳或修改申请文件。

(5) 授权。当审查通过后，欧洲专利局将发出授权通知复印件，申请人选择同意授权文本，付授权费并递交权利要求的其他两个语种的翻译译文，查询确认是否已经提交优先权证明文件的译文，被正式授权并发出授权证书。授权后，申请人须在指定国名单中选择生效国，按照生效国的要求在不同国家生效后，申请人则拥有相互独立的不同国家的专利。

2010年10月1日起，欧洲专利局的授权专利在40个欧洲国家(包括38个成员国及2个延伸国)生效，具体的起始时间根据不同国家(或组织)而异。

7.4.2 欧洲专利数据库

欧洲专利数据库（Espacenet Patent search）涵盖了100多个国家的专利信息，网址为http://worldwide.espacenet.com，主页如图7-4-1所示。

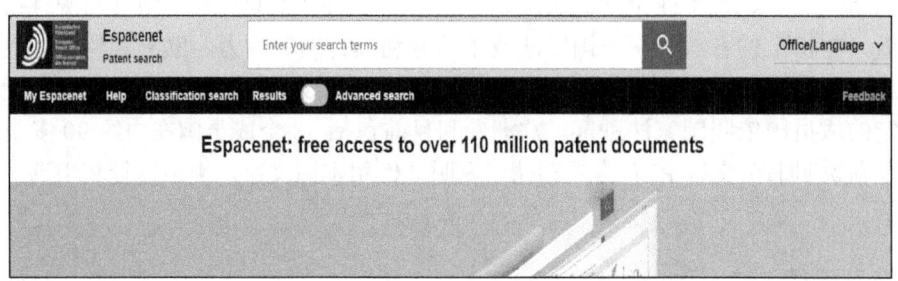

图7-4-1 欧洲专利数据库主页

1. 检索方式及检索方法

1) 检索方式

欧洲专利数据库提供了基本检索、Advanced search(高级检索)和 Classification search(分类检索)3种检索方式，基本检索为系统默认方式，参见图7-4-1。3种检索方式中，常用的是Advanced search(高级检索)。

2) 高级检索方法

单击图7-4-1中的 Advanced search ，打开高级检索界面，如图7-4-2所示。

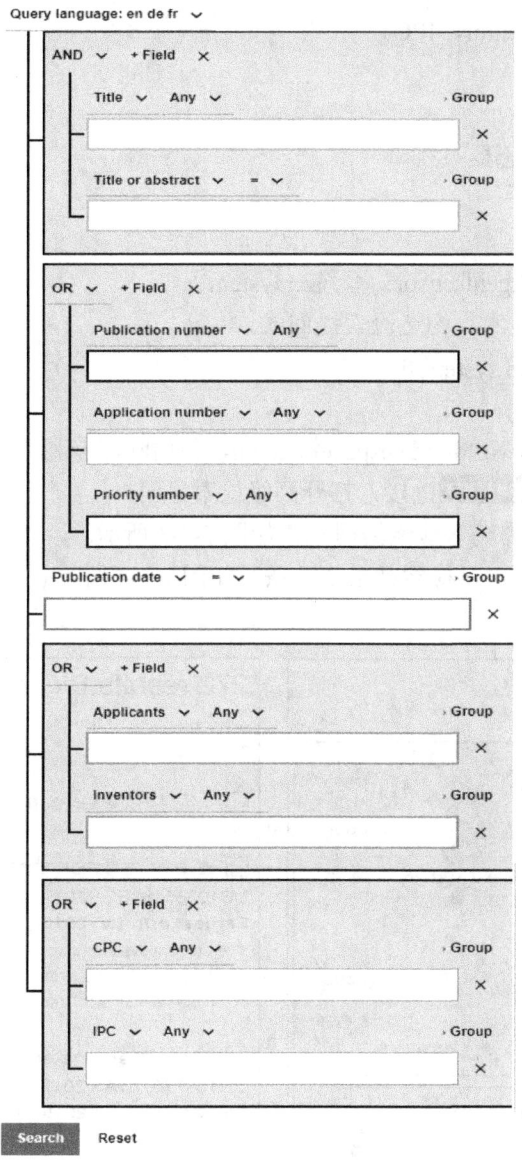

图 7-4-2 高级检索界面

高级检索提供了 10 个检索字段，分别为发明名称、发明名称或文摘、公开号、申请号、优先权号、公开日期、申请人、发明人、欧洲专利分类号、国际专利分类号。

高级检索的字段输入可使用布尔逻辑运算组配与截词符。布尔逻辑运算符包括 AND、OR、NOT；截词符包括*、?、#，其中*表示任意个字符；?代表 0~1 个字符；#代表一个字符，截词符主要用来检索一个检索词的多种形式，如复数、所有格或是拼写不确定时。

在一个字段里如果同时输入多个检索词进行检索，可以不用逻辑运算符而只用空格代替；此时默认的逻辑关系如下：字段中空格默认操作符为 OR 的有 publication number、application number、priority number；字段中空格默认操作符为 AND 的有 title、title or abstract、applicant、inventor、IPC。

2. 检索实例

检索课题：智能传感器系统

1）编制检索策略

(1) 选择检索词。

智能传感器—intelligentsensor；系统—system

(2) 使用相关检索技术，构造检索提问式。

intelligent sensor and system/ti

2）实施检索策略

(1) 登录网址 http://worldwide.espacenet.com，访问欧洲专利局数据库主页。

(2) 单击 Advanced search 链接，打开高级检索界面。

(3) 在 Title 检索框内输入检索提问式，如图 7-4-3 所示。

(4) 单击 Search 按钮，得检索结果 272 条，如图 7-4-4 所示。

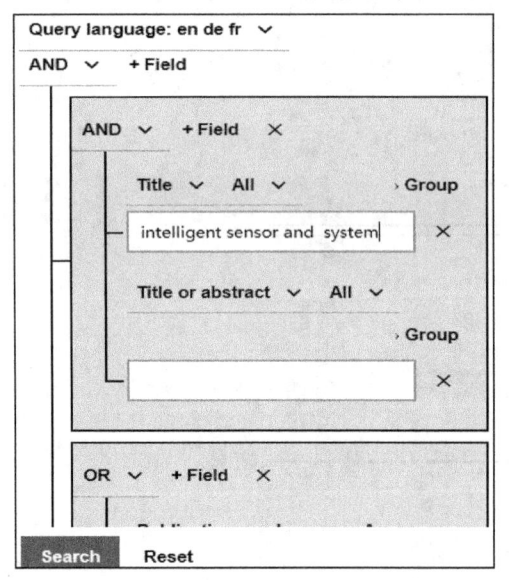

图 7-4-3　输入检索提问式

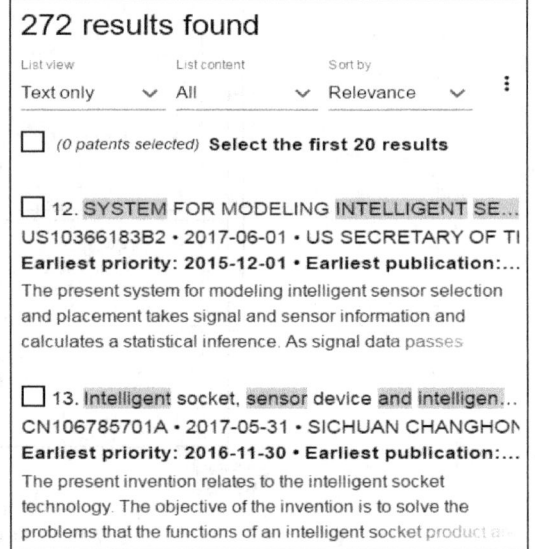

图 7-4-4　检索结果

3）检索结果处理

(1) 单击第 12 条标题得摘要，如图 7-4-5 所示。

(2) 在下拉摘要 Bibliographic data 菜单中，单击 Original document 链接打开在线阅读、下载页面，如图 7-4-6 所示。

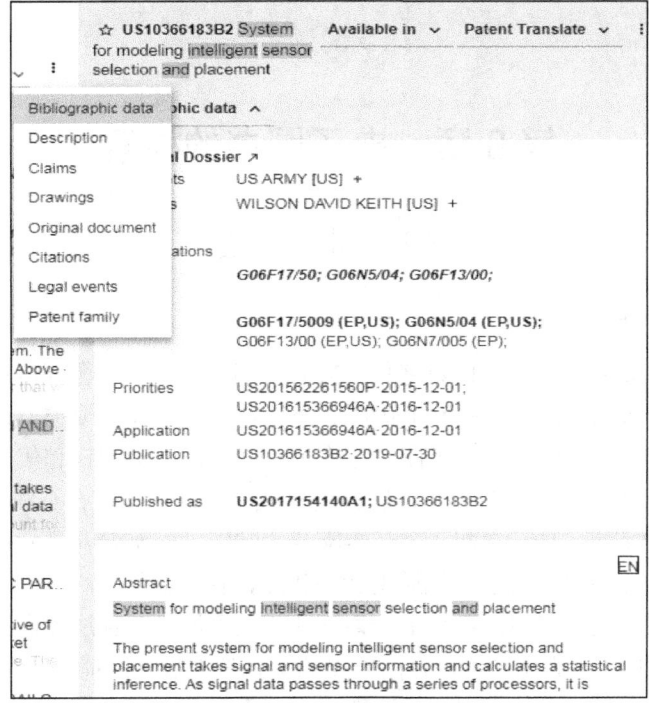

图 7-4-5　摘要页面

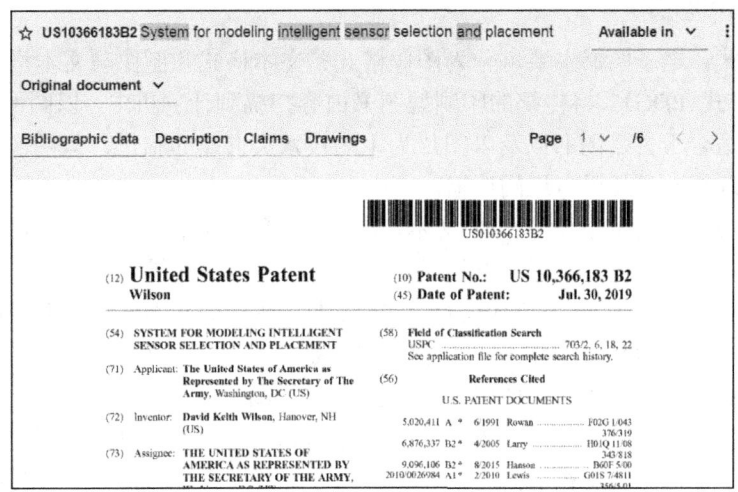

图 7-4-6　说明书全文在线阅读、下载页面

(3) 单击图 7-4-6 的右上角 图标，下载专利说明书的全文。

专利代码对照表

第8章 电子图书的检索

8.1 概　　述

8.1.1 电子图书的构成及特点

电子图书又称 e-book,是指以数字代码方式将图、文、声、像等信息存储在磁、光、电介质上,以电子版的方式在互联网上出版、发行,通过计算机或类似设备使用的书籍形式。在计算机迅速普及的今天,电子图书作为一种新兴的记录知识和信息的载体,由以下三大要素构成:一是 e-book 的内容,以特殊的格式制作而成,可在有线或无线网上传播;二是 e-book 的阅读设备,如计算机;三是 e-book 阅读软件,如超星阅览器、Apabi Reader、PDF Reader 等。电子图书与传统的纸质型图书相比,特点如下:制作方便,不需要大型印刷设备,成本低廉;检索方便,可从单一词汇和相关词汇等多种途径进行检索;阅读功能强,文字大小和颜色可以调节,可以使用外置的语音软件进行朗诵;内容更丰富,包含图、文、声、像等各种信息,生动直观,可读性强;利于共享,可多人同时阅读同一册图书。

8.1.2 电子图书的类型

按存储格式,电子图书主要可分为图像格式、文本格式和图像与文本格式三类。

（1）图像格式（PDG）。将传统的印刷型图书内容扫描到计算机中,以图像格式存储,制作较为简单,适合于古籍图书以及以图片为主的技术类书籍的制作,但图像清晰度较差,阅读效果不太理想,须使用专用阅读器。

（2）文本格式。将书的内容制作为文本,使用相应的应用程序。应用程序提供基于内容或主题的检索方式、方便的跳转、书签、语音信息、在线辞典等功能。

（3）图像与文本格式。其典型代表是 PDF 格式,是 Adobe 系统公司开发的电子读物文件格式,大多电子图书都用 PDF 格式保存,特点是美观、便于浏览,安全性高,能以制作者所希望的形式显示和打印,须使用 Adobe Acrobat Reader。

按载体和使用方式,主要可分为光盘电子图书和网络电子图书,常用的是网络电子图书。网络电子图书以电子文档方式发行、传播,以互联网为依托,可以跨越时空为全球读者提供 24 小时服务。

8.2 汇雅电子图书平台

汇雅电子图书平台（即汇雅书世界）是北京世纪超星信息技术发展有限责任公司研发的电子图书数据库,有图书 100 多万种,内容涵盖文化教育、文学艺术、历史地理、生物科学、医药卫生、工业技术等 22 个学科领域,访问方式有镜像与远程访问两种版本,本节以远程访问版为例,介绍其使用方法。

8.2.1 检索方式及检索方法

汇雅电子图书平台主页如图 8-2-1 所示,有分类检索、基本检索和高级检索 3 种检索方式。

图 8-2-1　汇雅电子图书平台主页

(1)分类检索。如图 8-2-1 左侧所示,单击一级分类即进入二级分类,依次类推。末级分类的下一层是图书信息页面,单击书名,即可阅读图书。

(2)基本检索。能实现对书名、作者、目录、全文检索的单字段查询,参见检索实例。

(3)高级检索。单击图 8-2-1 上方的 高级检索 按钮,打开高级检索界面,如图 8-2-2 所示。高级检索可进行多字段检索,各字段之间可用布尔逻辑进行组配,可对出版年代与《中图法》的 22 个大类进行选择。

图 8-2-2　高级检索界面——输入检索词与检索结果

8.2.2 图书的阅读和下载

1. 阅读方式

汇雅电子图书平台提供"阅读器阅读"、"网页阅读"、"PDF 阅读"多种方式,可选择任一方式进行阅读。

2. 图书下载

需先安装超星阅读器,参见图 8-2-1 右下方,单击  按钮,按系统提示完成阅读器的安装。单击 下载本书 链接,下载图书。

8.2.3 检索实例

检索课题:云计算有关的图书

检索方式采用基本检索。

1)在基本检索框输入检索词"云计算",选择"书名"字段(图 8-2-3)

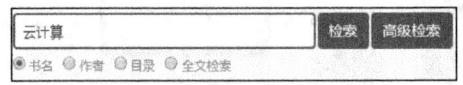

图 8-2-3 基本检索界面——输入检索词

2)单击 检索 按钮,得检索结果(图 8-2-4)

图 8-2-4 检索结果

3)检索结果处理

(1)下载图书。在检索结果页面,单击"下载本书"链接,如图 8-2-4 所示。在弹出的下载设置页面(图 8-2-5),可打包下载整本书,也可指定页码范围进行分页下载,单击 下载 按钮,保存到指定磁盘。

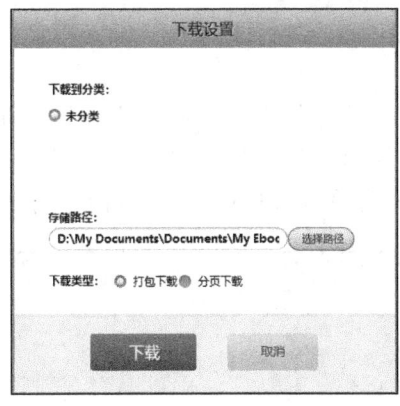

图 8-2-5 下载设置页面

(2) 阅读器阅读。单击按钮,弹出全文阅读页面,单击鼠标右键弹出阅读器功能表单,如图 8-2-6 所示。

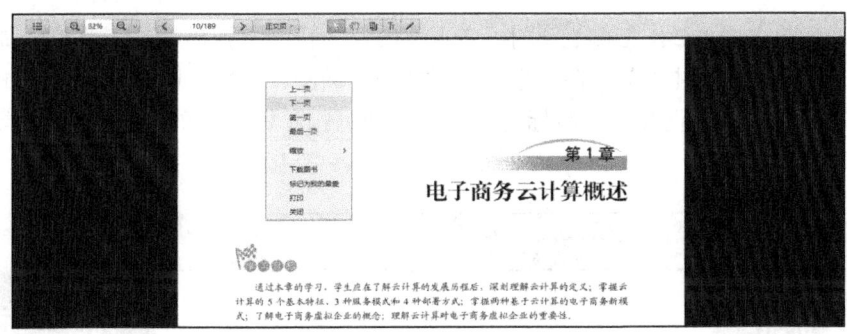

图 8-2-6 全文阅读页面

①文字识别。单击图 8-2-6 上方工具栏的 图标,将需要识别的文字框选中后,所需内容即显示在文字识别框中,可以利用文字识别框进行编辑;如需保存,选中所需文字,单击鼠标右键复制,即保存为文本文件,如图 8-2-7 所示。

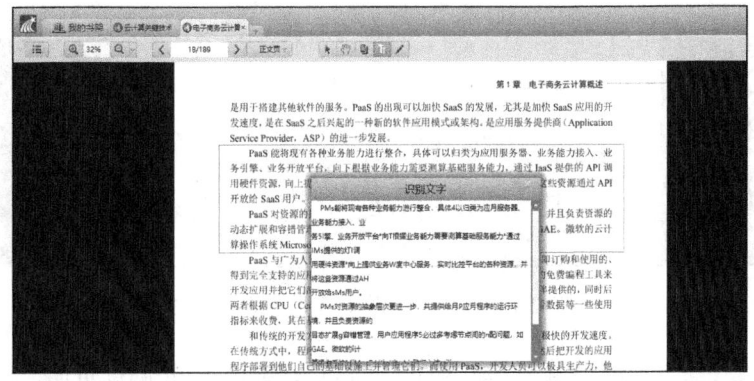

图 8-2-7 文字识别页面

②指定页阅读。在图 8-2-6 上方的页码框中，输入指定页的页码，按回车键，阅读页面自动跳转到指定页。

③批注。单击图 8-2-6 上方工具栏的 图标，在页面的左方弹出批注工具栏，如图 8-2-8 所示。单击 图标，在弹出的批注框内添加文字，批注完成后，批注框旁即显示 图标；如果需删除批注，则在 图标旁单击鼠标右键，单击 即可。

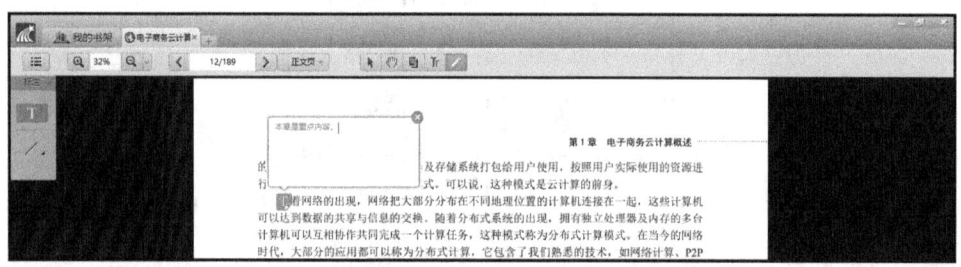

图 8-2-8　批注页面

④标注。单击图 8-2-8 左侧 图标右下方的三角符号，弹出标注工具栏，如图 8-2-9 所示。可选择不同的标注工具，在阅读页面做矩形、椭圆、直线、曲线等标注，如图 8-2-10 所示。在矩形、椭圆、直线、曲线标注处右击，即可删除标注。单击 图标，可选择不同的颜色及透明度。

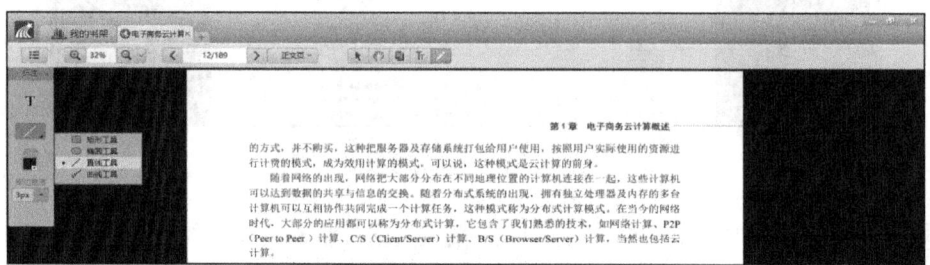

图 8-2-9　标注工具选择页面

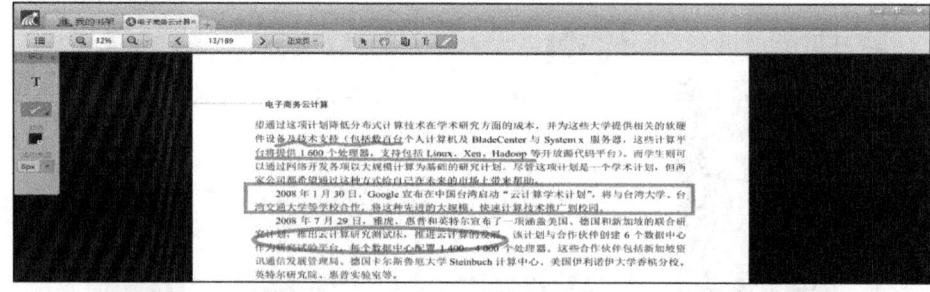

图 8-2-10　矩形、椭圆、直线和曲线标注

(3) PDF 格式阅读。单击图 8-2-4 中的 链接，弹出 PDF 阅读页面，如图 8-2-11 所示。可在阅读页面进行复制、打印、上下翻页、指定页阅读、页面自动缩放等操作。

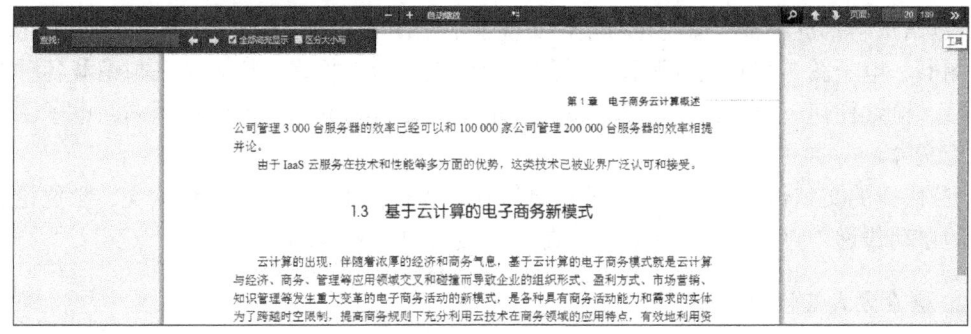

图 8-2-11　PDF 阅读页面

(4)网页阅读。单击图 8-2-4 中的 链接，弹出网页阅读页面，如图 8-2-12 所示，可进行页面缩放、打印、文字摘录等操作。

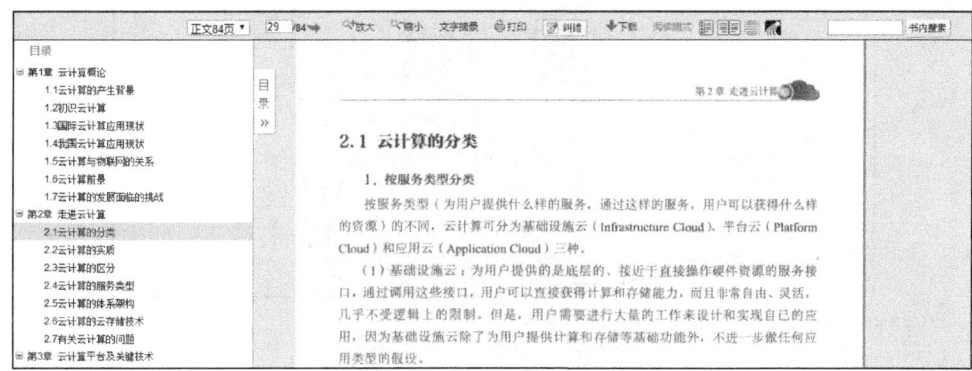

图 8-2-12　网页阅读页面

8.3　读秀学术搜索

读秀学术搜索是全球最大的中文图书搜索及文献传递系统，集图书搜索、文献传递、参考咨询等多种功能为一体，以海量的数据资源库为基础，提供切入目录和全文知识点的深度检索，以及部分图书的全文试读。可直接进入各种检索的结果或某个章节进行图书的阅读，也可通过文献传递来阅读，是一个大型的学术资源搜索及文献传递服务平台。

8.3.1　系统功能及检索方式

1. 系统功能

(1)多类型文献及资源的搜索。提供知识、图书、期刊、报纸、学位论文、会议论文等24 种文献及资源的搜索，即使用任一检索词，可同时得到与该检索词相关的图书、期刊、报纸、会议论文、学位论文、专利、标准、人物、工具书、网页、图片、视频等文献与资源。

(2)馆藏学术资源整合与统一检索。实现了电子图书、纸质图书的整合,将图书馆现有纸质图书、电子图书和其他资源整合于同一平台上,统一检索,检索结果与馆藏各种资源库链接。检索任何一个知识点,都可以直获取图书馆内与其相关的纸质图书、电子图书、期刊论文等。

(3)快捷的文献传递。与全国其他馆藏链接,提供图书、期刊、会议论文、学位论文等文献的自动传递,直接发送到读者电子邮箱,没有时空的限制。

2. 检索方式及检索方法

选择不同的文献类型,读秀学术搜索提供的检索方式则不同,例如,选择图书类型,有基本搜索、高级搜索和分类导航 3 种检索方式,常用的是基本搜索和高级搜索,如图 8-3-1 所示。

图 8-3-1　读秀学术搜索主页

(1)基本搜索。它是系统默认的检索方式,适合任何类型文献的检索,根据需求,可选择字段,缩小检索范围,如图 8-3-1 所示。

(2)高级搜索。单击图 8-3-1 右方的 高级搜索 链接,打开高级搜索界面。高级搜索适合图书、期刊、报纸、学位论文、会议论文等类型文献,可进行多字段的组配检索。

(3)分类导航。单击图 8-3-1 右方的 分类导航 链接,弹出分类导航界面。分类导航按《中图法》逐级分类,单击一级分类即进入二级分类。单击书名或图标,即可阅读图书。

8.3.2　检索实例

1. 图书检索实例

1)检索

在基本搜索框输入检索词"线性系统理论",文献类型选择为"图书",字段选为"书名",参见图 8-3-1。单击 中文搜索 按钮,检索结果如图 8-3-2 所示。

2)检索结果处理

(1)阅读全文。单击 包库全文 链接,弹出图书阅读页面,如图 8-3-3 所示,即可在线阅读全文。

(2) 图书下载。在图 8-3-3 的上方，单击图标，按系统提示操作，将图书下载到指定位置。

图 8-3-2　检索结果

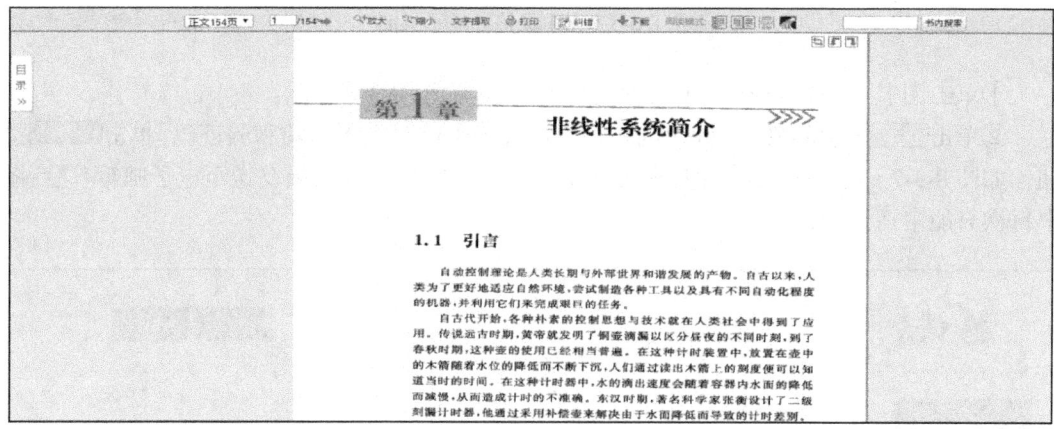

图 8-3-3　图书阅读页面

(3) 馆藏纸本链接。单击图 8-3-2 中的 馆藏纸本 链接，打开本馆馆藏书目检索系统，查看该纸本图书的馆藏信息，如图 8-3-4 所示。

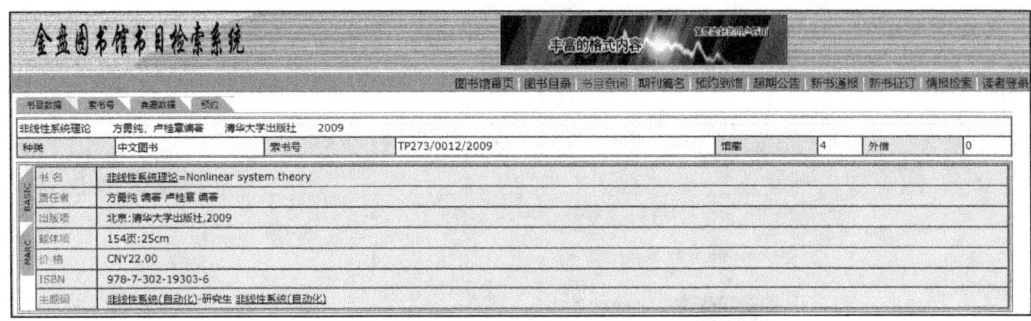

图 8-3-4　纸本图书的馆藏信息

(4) 申请文献传递。若检索结果显示为 部分阅读，如图 8-3-5 所示，则表明此图书本机构既无电子全文，又无馆藏纸本，可申请文献传递获取全文，步骤如下：

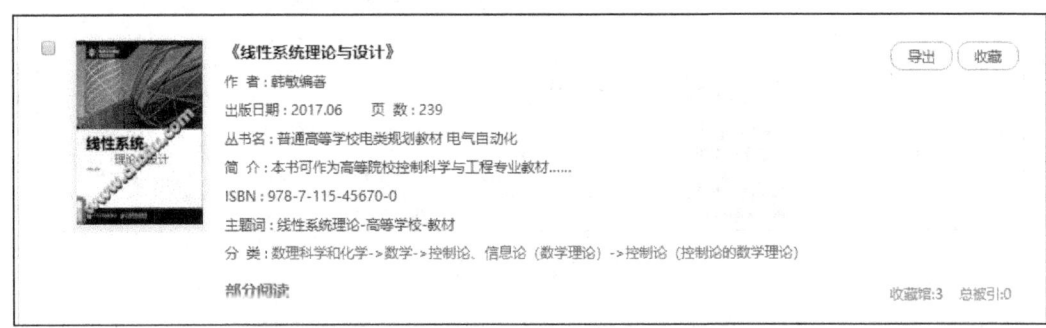

图 8-3-5　无馆藏信息显示页面

①单击图书封面或书名，弹出图书文摘页面，如图 8-3-6 所示。

②单击 图书馆文献传递 链接，在弹出的咨询申请表单中填写电子邮箱和验证码，单击 确认提交 按钮，如图 8-3-7 所示。提交成功后在 1 个工作日内系统将处理结果发送至电子邮箱(注：图书每次只能申请 50 页)。

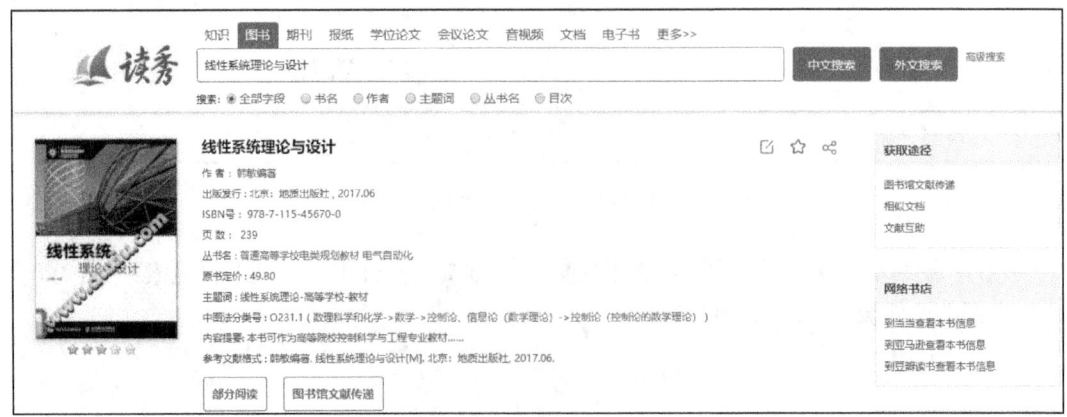

图 8-3-6　图书文摘页面

图 8-3-7　填写咨询申请表单

2. 多类型文献的一站式检索实例

读秀学术搜索集多类型学术资源于同一平台，输入检索词，在检索页面的右栏，即显示与检索词相关的知识、图书、期刊、论文、视频、课件等文献及资源的检索结果。

检索课题：基于物联网的高速公路机电设备管理

1）分析课题，选检索词

物联网；高速公路；机电设备

2）编写提问式

物联网　高速公路　机电设备

3）上机检索

（1）检索。在基本检索框输入检索式"物联网　高速公路　机电设备"，文献类型选择为"知识"，单击 中文搜索 按钮，得到多类型文献的检索结果，左栏为知识的相关条目，右栏为其他类型文献的相关链接，如图 8-3-8 所示。

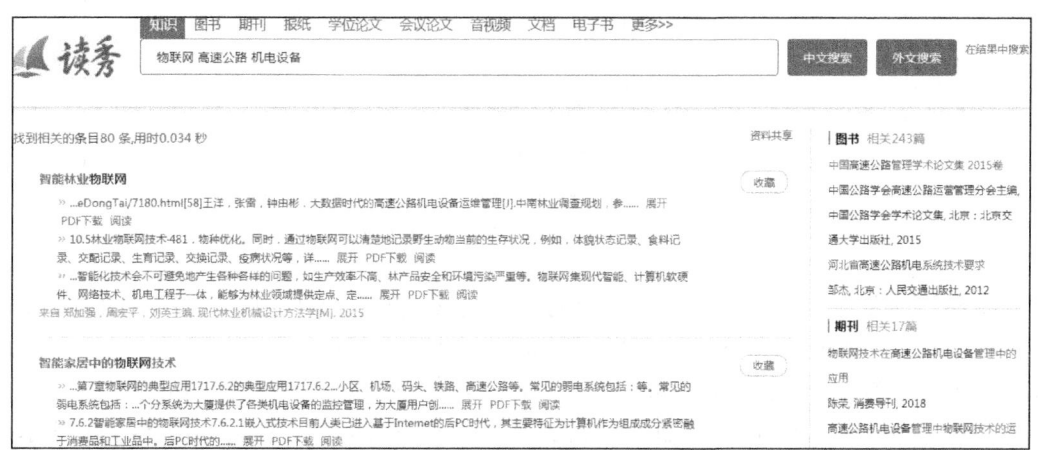

图 8-3-8　多类型文献检索结果

(2)检索结果处理。

①知识点的阅读。单击图 8-3-8 左栏中的章节名或 阅读 链接，即可链接到相关知识点进行阅读。

②期刊论文检索结果处理。使用字段限制，精炼检索结果。在图 8-3-8 检索框上方的文献类型选择为"期刊"，选中"标题"字段，得检索结果，如图 8-3-9 所示；在"年代"项选择 2018，检索结果如图 8-3-10 所示。

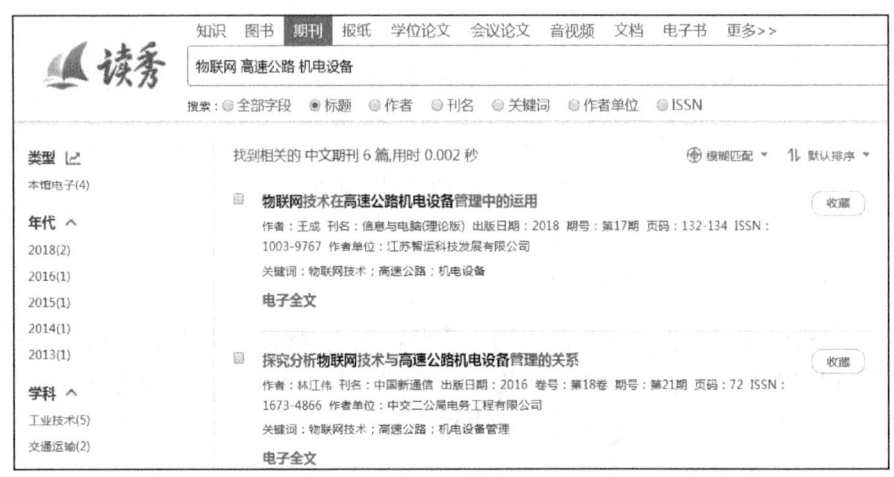

图 8-3-9 "标题"字段精炼检索结果

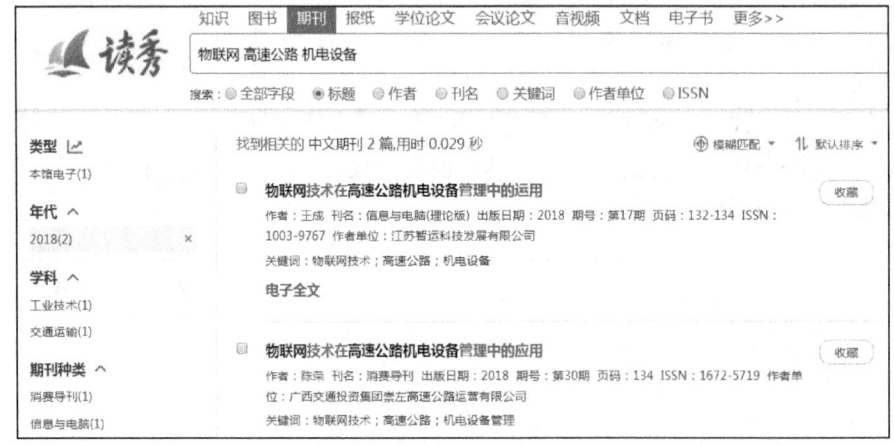

图 8-3-10 "年代"项选择检索结果

③期刊论文全文获取。单击图 8-3-10 电子全文 链接，即可通过本机构已购买的数据库下载并获取全文，如第 1 篇论文；若无 电子全文 显示，表明本机构未购买该论文全文，可通过申请文献传递的方式获取全文，如第 2 篇论文。申请文献传递方式过程如下。

单击篇名，在弹出的文摘页面，单击页面右栏的 邮箱接收全文 链接，如图 8-3-11 所示；在弹出的咨询表单中填写电子邮箱和验证码，单击 确认提交 按钮，如图 8-3-12 所示，系统将在一个工作日内将文献发送到电子邮箱。

图 8-3-11 文摘页面

图 8-3-12 填写咨询表单

8.4 中华数字书苑

中华数字书苑是北京方正阿帕比技术有限公司推出的华文数字内容整合服务平台，收录了丰富的图书、报纸、年鉴、工具书、图片、视频等数字资源。图书涵盖的学科范围涉及《中图法》的各个类别，提供全文检索、在线阅读、离线借阅、移动阅读等数字内容阅读服务和专业的知识服务。主要功能特点如下。

(1) 显示清晰。电子图书全部由原电子文件直接转换，采用世界领先的曲线显示技术和方正排版技术，高保真显示，版面缩放不失真，保持原书的版式和原貌，复杂的图表、公式都完全兼容。

(2) 具有复本数、借、还等服务功能，给读者的感觉是进入了实体图书馆，使用比较简单。

8.4.1 检索方式及检索方法

1. 检索方式

中华数字书苑主页如图 8-4-1 所示,有分类浏览、基本检索和高级检索 3 种检索方式。

图 8-4-1 中华数字书苑主页

(1)分类浏览。单击图 8-4-1 左方书苑常用分类下的类名,即可浏览与类名相关的图书。
(2)基本检索。只能进行单字段检索,参见检索实例。
(3)高级检索。可进行多字段检索,参见检索实例。

2. 检索方法

(1)下载 Apabi Reader 阅读器。
(2)选择分类浏览、基本检索、高级检索方式检索图书。
(3)在线阅读或借阅图书。

8.4.2 检索实例

1. 基本检索过程

(1)检索。在基本检索框输入检索词"信息检索",参见图 8-4-2,单击 图标,检索结果如图 8-4-2 所示。

图 8-4-2 输入检索词及检索结果

(2) 借阅。单击第 1 本图书图标，弹出详细信息页面，如图 8-4-3 所示，单击 按钮，即可借阅该书。

图 8-4-3　详细信息页面

(3) 在线阅读。单击 在线阅读 按钮，弹出全文阅读页面，如图 8-4-4 所示。

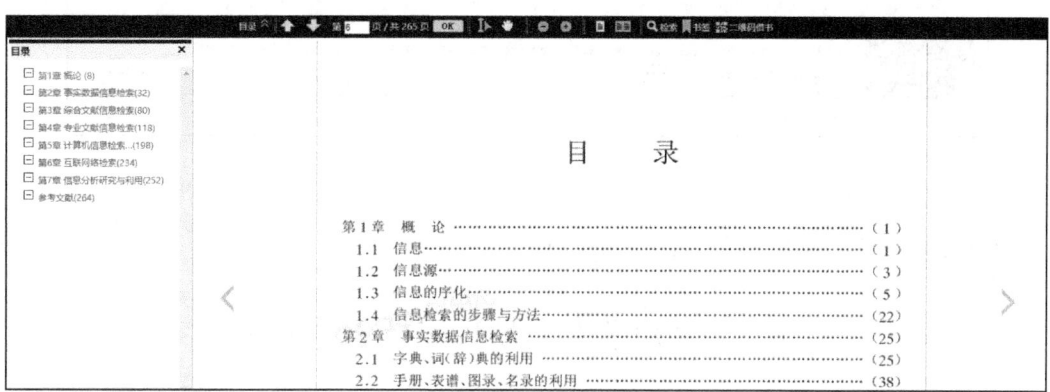

图 8-4-4　全文阅读页面

2. 高级检索过程

(1) 检索式输入。单击图 8-4-2 右上方的 高级检索 链接，打开高级检索界面，在检索框输入检索词，选择与检索词相对应的字段和布尔逻辑算符，如图 8-4-5 所示。

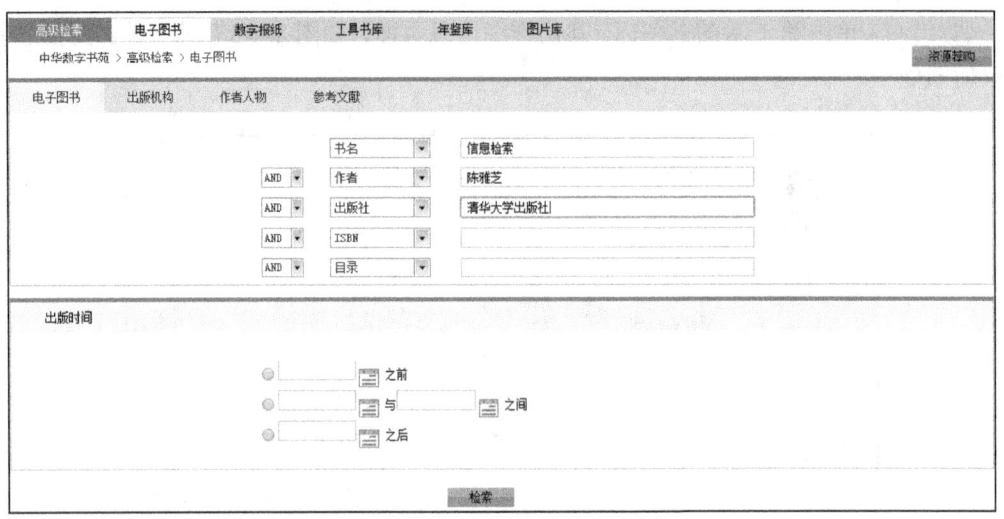

图 8-4-5 高级检索界面——输入检索词

(2) 检索与在线阅读。单击 ![检索] 按钮，得检索结果，如图 8-4-6 所示，单击 ![在线阅读] 按钮，阅读全文。

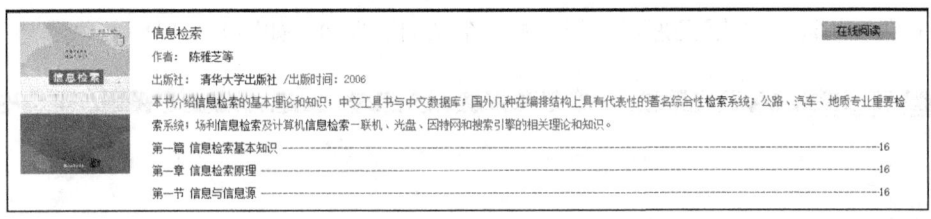

图 8-4-6 高级检索结果

(3) 借阅。参见基本检索过程的步骤(2)。

8.5　寻知学术文献数据检索平台

寻知学术文献数据检索平台是由北京金图创联国际科技有限公司开发的外文学术文献检索平台，是原金图国际外文数字图书馆的升级版，以下简称寻知。以优质论文和图书资源为主，可检索超过 24000 种学术期刊和 730000 万种外文图书，涵盖自然科学、哲学、历史、医学、文学、社会科学等学科。所有电子图书均属于文本型，使用 PDF Reader 阅读器阅读，文字清晰。

8.5.1　检索方式及检索方法

1. 检索方式

寻知主页如图 8-5-1 所示，有分类检索、基本检索、高级检索三种方式。分类检索按美国国会分类法的 21 个大类逐级浏览；基本检索提供图书名称、作者、ISBN 字段的检索。高级检索可提供图书名称、作者、出版社、ISBN、关键字、出版年等字段进行检索。

图 8-5-1　寻知主页

2. 检索方法

(1) 登录寻知主页，参见图 8-5-1。

(2) 下载阅读器。单击图 8-5-2 左下方的链接，按系统提示下载、安装 PDF Reader 阅读器。

(3) 使用分类检索或基本检索方式检索图书。

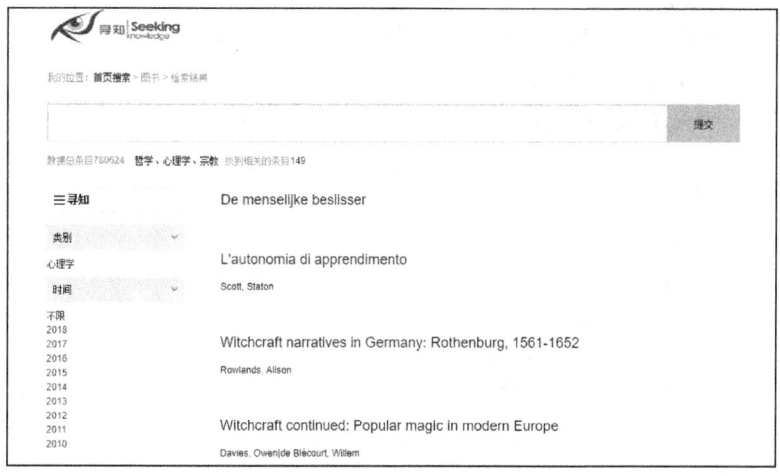

图 8-5-2　分类检索结果

8.5.2　检索实例

1. 分类检索

检索有关心理学方面的图书，检索过程如下。

(1) 登录寻知主页，检索类型选择"图书"。

(2) 单击一级分类类名"哲学、心理学、宗教"，进入二级分类，单击二级分类类名"心理学"，得到检索结果，如图 8-5-2 所示。

(3) 单击第 1 本图书书名，弹出图书阅读页面，如图 8-5-3 所示。

图 8-5-3　图书阅读页面

(4) 单击 查看全文 链接，阅读全文。

2. 基本检索

检索书名为 artificial intelligence（人工智能）的图书，检索过程如下。

(1) 登录寻知主页，检索类型选择"图书"。

(2) 在基本检索框输入 artificial intelligence，单击 提交 按钮，检索结果如图 8-5-4 所示。

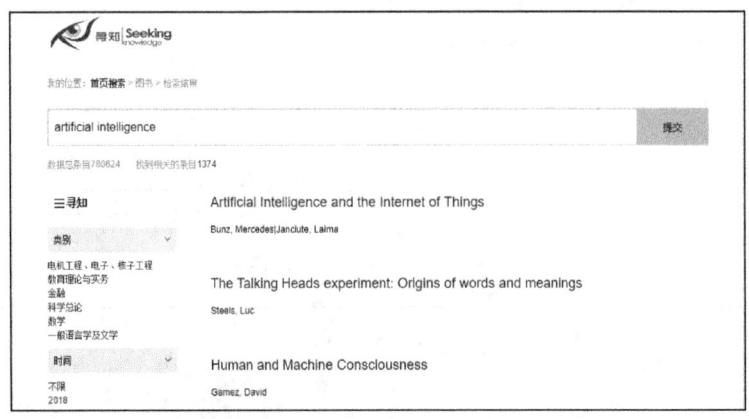

图 8-5-4　基本检索界面——输入检索词与检索结果

(3) 单击书名，弹出全文阅读页面，单击 查看全文 链接，阅读全文，如图 8-5-5 所示。可对文本进行复制、标注、变色、划线等操作。

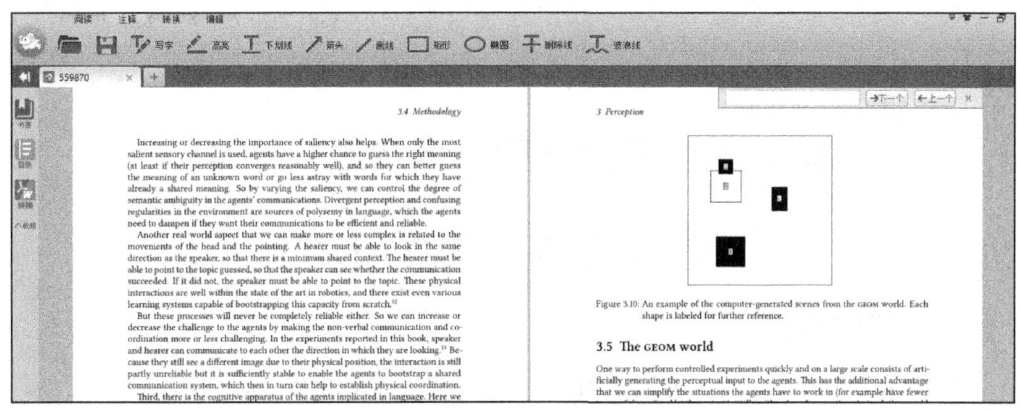

图 8-5-5　全文阅读页面

3. 高级检索

检索书名为 Vanguard robot assessment，作者为 Franz Beyerlein 的图书，检索过程如下。

（1）登录寻知主页，检索类型选择"图书"，单击 高级搜索 按钮，参见图 8-5-1。

（2）在弹出的高级检索界面，输入书名、作者，单击 高级搜索 按钮，如图 8-5-6 所示，得检索结果，阅读方法与分类检索、基本检索相同。

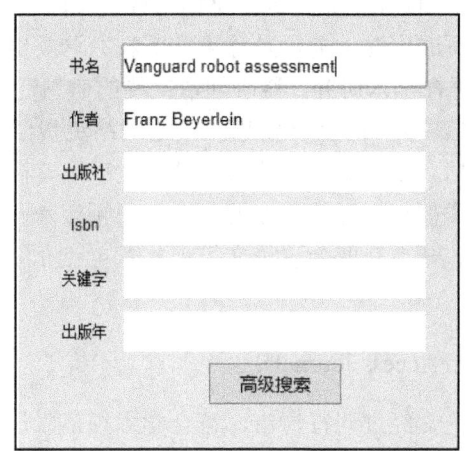

图 8-5-6　高级检索界面——输入检索词

第9章 开放获取学术资源的检索

9.1 开放获取学术资源概述

9.1.1 开放获取的含义

开放获取(Open Access，OA)是国际科技界、学术界、出版界、信息传播界为促进学术信息的广泛传播、交流与出版，提升科学研究的共利用程度，保障科学信息的长期保存，利用网络自由传播而发起的运动，是21世纪初迅速发展的一种新的学术文献出版和学术交流方式，这种方式充分实现了学术信息的最大使用价值，强调了学术信息的可获得性和知识的共享。通过数字技术和网络化通信，任何人都可以及时、免费、不受任何限制地通过网络获取各类学术信息。

9.1.2 开放获取学术资源的特点与类型

开放获取学术资源是具有学术研究价值的自然科学和社会科学电子资源，是指作者或著作权人授权全世界的任何用户，可以在互联网上免费获取，并允许下载、复制、发布、超链接或其他任何法律许可的用途，前提是尊重其版权。这类电子资源反映了学术研究的发展动态与科研成果，是进行学术研究、科研创造重要的信息资源，已成为图书馆(或各种信息机构)订购商业电子资源以外的重要信息源，是网络免费学术信息资源很重要的一大类。具有数字化、网络存档、以免费方式获取信息、几乎没有权限的限制的特点。

开放获取学术资源的类型包括开放获取期刊、电子预印本、开放获取图书、开放获取课件、开放获取学位论文、开放获取会议论文等。本章重点介绍开放获取期刊和电子预印本的检索。

1. 开放获取期刊(Open Access Journals)

开放获取期刊是一种论文经过同行评审、符合学术规范、达到一定水平的网络化免费期刊。开放获取期刊大都采用向作者收取出版费，读者免费获取方式，几乎没有权限的限制，开放获取期刊将是未来学术期刊的发展趋势。

2. 电子预印本(e-Preprint)

电子预印本是指研究成果未正式发表，为达到与同行及时进行学术交流目的，自愿先在学术会议上或通过互联网发布的研究论文、科技报告等。电子预印本利用互联网集中、有序化、传播和共享学术信息，与正式发布相比，具有不存在时滞问题、交流速度快、管理规范、内容专业、可靠性高的特点，在国际学术界已获得广泛认可，其传播范围日益扩大，共享作用日趋凸显。

9.2 开放获取期刊数据库

9.2.1 Socolar

1. 概况

Socolar 是中国教育图书进出口公司开发管理的开放获取资源一站式服务平台，对世界上重要的开放获取学术资源进行全面的收集和整理，提供统一检索和全文链接服务。2019 年，Socolar 平台在数据支持、技术架构、功能服务等多方面进行了全新升级，在完善原有的开放获取学术资源服务的前提下，新增付费文献单篇的及时获取服务，真正实现学术文献资源集成一站式服务。涵盖医药、卫生，数理科学和化学，工程材料学，生物科学，工业技术，计算技术、计算机技术，环境科学、安全科学，天文学、地球科学，社会科学总论，自然科学总论等 39 个学科主题。网址为 http://www.socolar.com。

2. 检索方式及检索方法

Socolar 主页如图 9-2-1 所示（使用前请先注册，然后登录）。

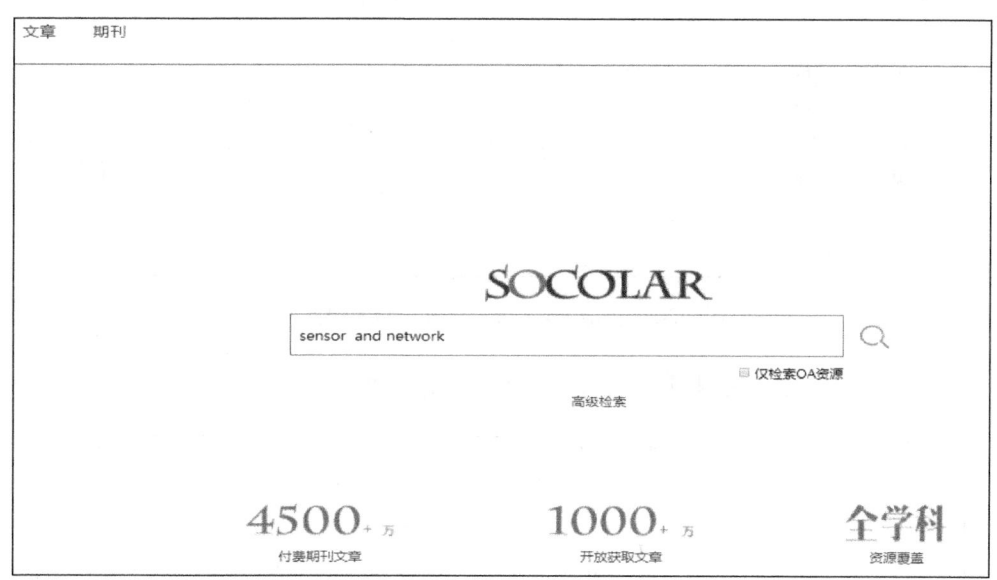

图 9-2-1 Socolar 主页

Socolar 提供以下 4 种检索方式。

(1) 文章浏览。单击图 9-2-1 左上方的"文章"链接，按最新文章列表浏览论文。

(2) 期刊浏览。单击图 9-2-1 左上方的"期刊"链接，选择期刊列表的期刊，浏览论文。

(3) 基本检索。在检索框输入检索词，检索词可为单个词或词组，词组可加双引号实现精确检索，也可输入检索式检索，只能实现单字段检索，参见图 9-2-1。

(4) 高级检索。单击图 9-2-1 链接，打开高级检索界面，高级检索可使用布尔逻辑 AND、OR、NOT 对检索词进行组配,可实现对字段、年代限制检索,参见图 9-2-2,检索方法参见实例。

3. 检索实例

检索课题:传感器网络及安全(sensor network and security)

1) 编制检索策略

(1) 分析课题,选检索词。

传感器网络—sensor network;安全—security

(2) 使用相关检索技术,构造检索提问式。

sensor network AND security/标题

(3) 检索要求:年代限制在 2015～2019 年,按相关度排序。

2) 实施检索策略

(1) 登录网址 http://www.socolar.com,访问 Socolar 主页。

(2) 注册、登录系统,打开高级检索界面,输入检索提问式,如图 9-2-2 所示。

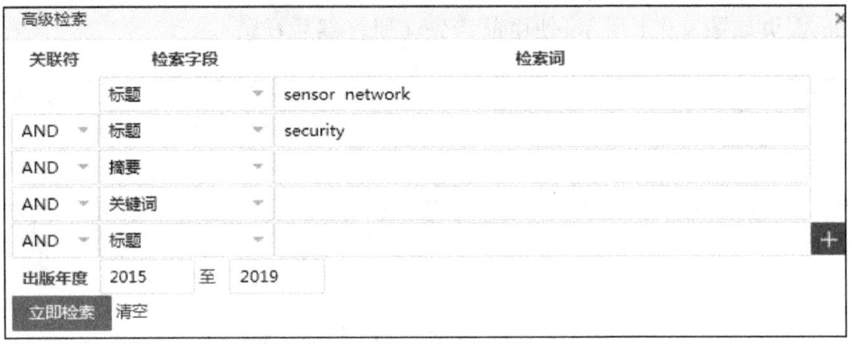

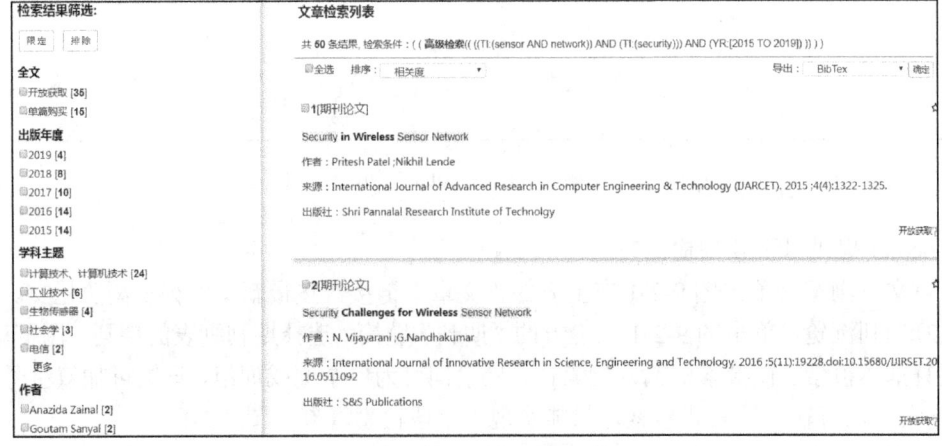

图 9-2-2 高级检索界面——输入检索提问式

(3) 单击图 9-2-2 立即检索 按钮,得检索结果 50 条,如图 9-2-3 所示。

图 9-2-3 检索结果

3）检索结果处理

（1）阅读文摘。单击检索结果的第 1 条论文标题，阅读文摘，如图 9-2-4 所示。

图 9-2-4　阅读文摘

（2）获取全文。单击图 9-2-4 中的 链接，在线阅读全文，单击图标下载全文，如图 9-2-5 所示。

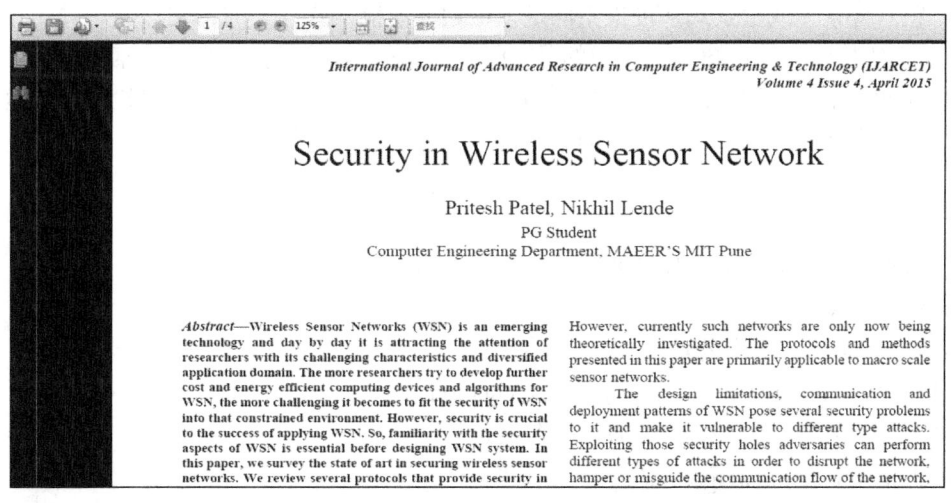

图 9-2-5　全文阅读、下载页面

9.2.2 DOAJ

1. 概况

开放获取期刊指南（Directory of Open Access Journal，DOAJ）是由瑞典隆德大学图书馆主办的一份开放获取期刊目录检索系统，均为学术性、研究性期刊，其质量源于所收录期刊实行同行评审，或者有编辑作质量控制，对学术研究有很高的参考价值。DOAJ 目前免费提供 1 万多种期刊的检索，论文 300 多万篇。涵盖农业与食品科学、艺术与建筑、生物与生命科学、商业与经济学、化学、地球与环境科学、一般工程、健康科学、历史与考古、语言与文学、法律与政治学、数学与统计、哲学与宗教、物理与天文、一般科学、社会科学、技术与工程 17 个学科。网址为 http://www.doaj.org。

2. 检索方式及检索方法

DOAJ 主页如图 9-2-6 所示，提供基本检索、高级检索 2 种检索方式。

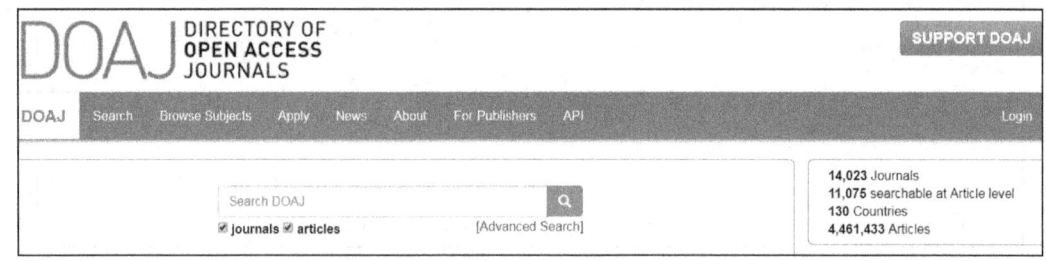

图 9-2-6　DOAJ 主页及基本检索界面

（1）基本检索。它是默认的检索方式，可进行期刊或论文检索。选中 journals 复选框，输入检索词或检索式，可检索满足该检索词或检索式的期刊及刊载的论文；选中 articles 复选框，输入检索词或检索式，可检索满足该检索词或检索式有关的论文。

（2）高级检索。单击图 9-2-6 中的 Advanced Search 链接，打开高级检索界面，在检索框内可输入单个检索词或短语，可使用布尔检索技术的逻辑与、或、非对检索词或短语进行组配，可实现对字段、输出排序的限制，检索方法参见实例。

3. 检索实例

检索课题：移动机器人导航研究

1）编制检索策略

（1）分析课题，选检索词。

移动机器人—mobile robot；导航—navigation

（2）使用相关检索技术，构造检索提问式。

mobile robot and navigation/ti

（3）按相关度排序。

2) 实施检索策略

(1) 登录网址 http://www.doaj.org，访问 DOAJ 主页。

(2) 打开高级检索界面，输入检索提问式，参见图 9-2-7 上方。

(3) 单击 按钮，得检索结果 17 篇，如图 9-2-7 所示。

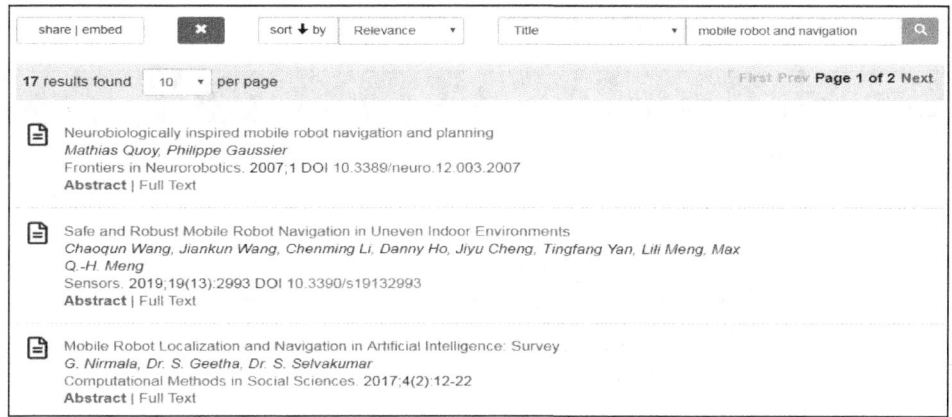

图 9-2-7　高级检索界面——输入检索提问式及检索结果

3) 检索结果处理

(1) 阅读文摘。选择第 2 篇，单击 Abstract 链接，阅读文摘。

(2) 获取全文。单击 Full Text 链接，弹出全文阅读、下载页面，如图 9-2-8 所示。单击 View Full-Text 链接，在线阅读全文，单击 Download PDF 链接，下载全文。

图 9-2-8　全文阅读、下载页面

9.2.3 EconPapers

1. 概况

EconPapers 收录工作论文 90 多万篇，期刊论文 190 万余篇，部分可以免费下载全文。网址为 http://econpapers.repec.org，主页如图 9-2-9 所示。

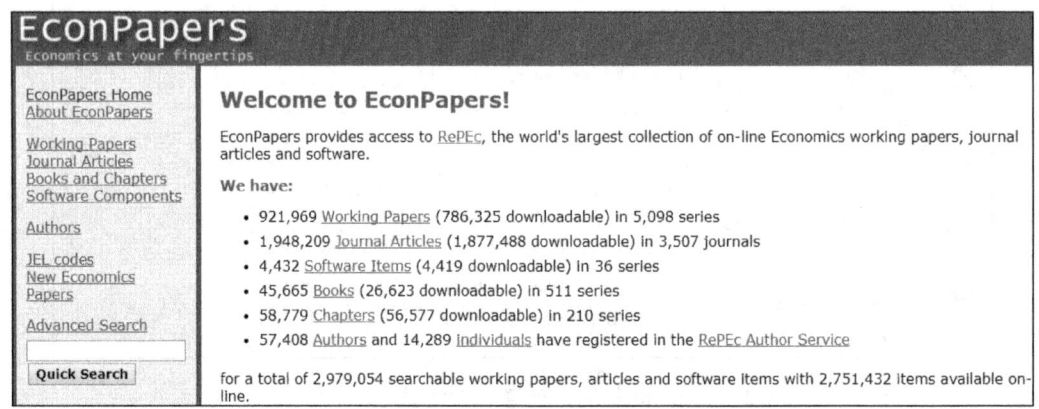

图 9-2-9　EconPapers 主页

2. 检索方式和检索方法

如图 9-2-9 所示，EconPapers 提供快速检索（Quick Search）和高级检索（Advanced Search）2 种方式。

(1) 快速检索。它是系统默认的检索方式，在主页左侧的检索框输入检索词或检索式，参见图 9-2-9。单击 Quick Search 按钮，可检索满足该检索词或检索式的工作论文、期刊论文或图书的相关章节。

2) 高级检索。单击图 9-2-9 左侧的 Advanced Search 链接，打开高级检索界面，在检索框内可输入单个检索词或短语，可使用布尔检索技术的逻辑与、或、非对检索词或短语进行组配，可对文献类型、年代等进行限制，检索方法参见实例。

3. 检索实例

检索课题：通货膨胀的成因

1) 编制检索策略

(1) 分析课题，选检索词。

通货膨胀—inflation；成因—causes

(2) 使用相关检索技术，构造检索提问式。

inflation and causes

2) 实施检索策略

(1) 登录网址 http://econpapers.repec.org，访问 EconPapers 主页。

(2) 打开高级检索界面，输入检索提问式，如图 9-2-10 所示。

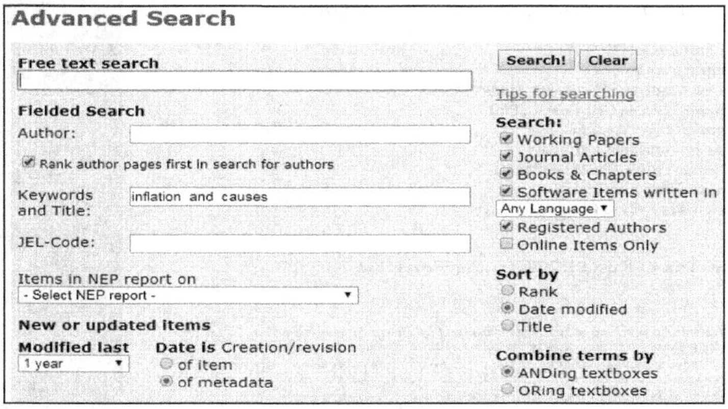

图 9-2-10　高级检索界面——输入检索提问式

(3) 单击 Search! 按钮，得检索结果 6 篇，选择第 6 篇，参见图 9-2-11。

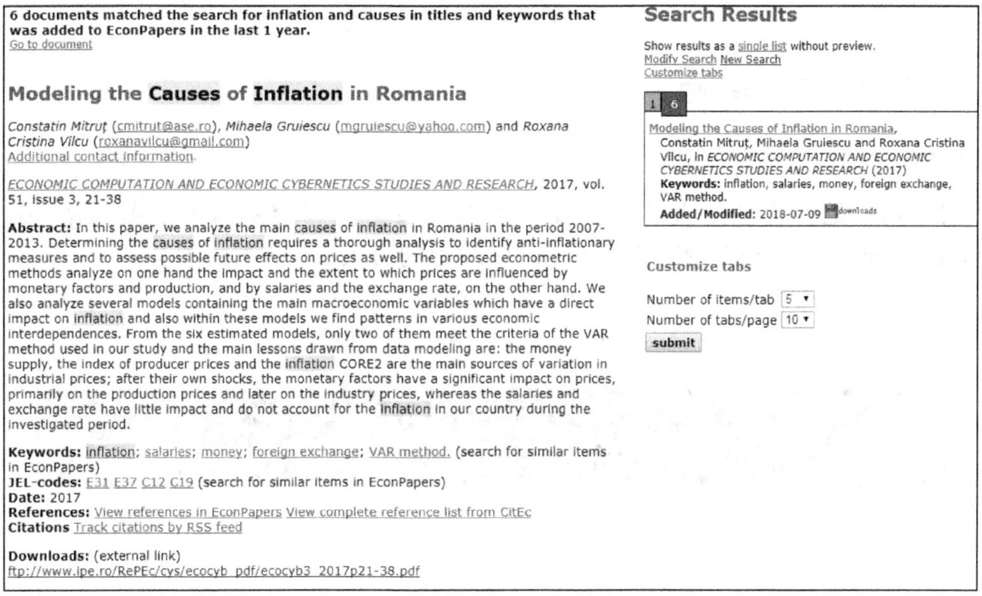

图 9-2-11　检索结果

3) 获取全文
(1) 单击图 9-2-11 左侧 Downloads 下的链接，在线阅读全文，参见图 9-2-12。
(2) 单击图 9-2-12 的 图标，下载全文。

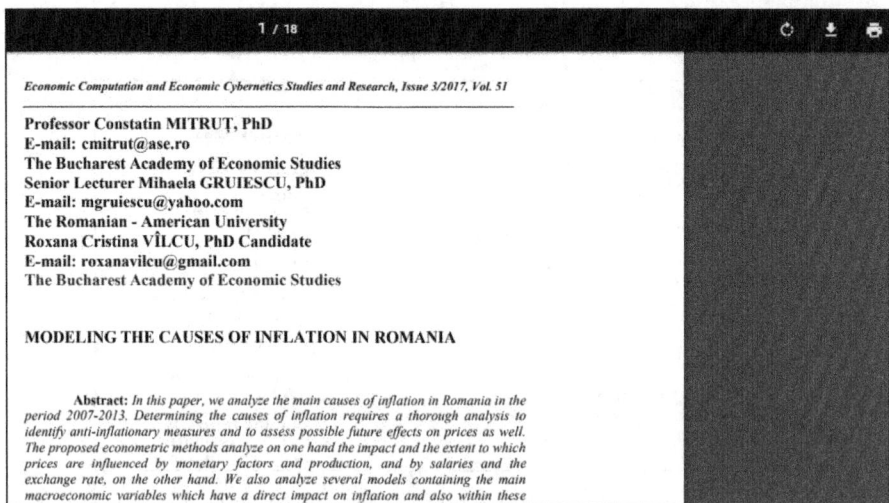

图 9-2-12　全文阅读、下载页面

9.3　电子印本系统

9.3.1　arXiv.org 与 viXra.org

1. arXiv.org

arXiv.org 是世界上最大的电子预印本库，现由美国康奈尔大学图书馆（Cornell University Library）进行维护和管理，收录的论文须符合康奈尔大学的学术标准，内容涵盖物理、数学、计算机科学、定量生物学、定量金融学、统计学、电子工程及系统科学和经济学 8 个学科。网址为 http://arxiv.org，主页如图 9-3-1 所示。

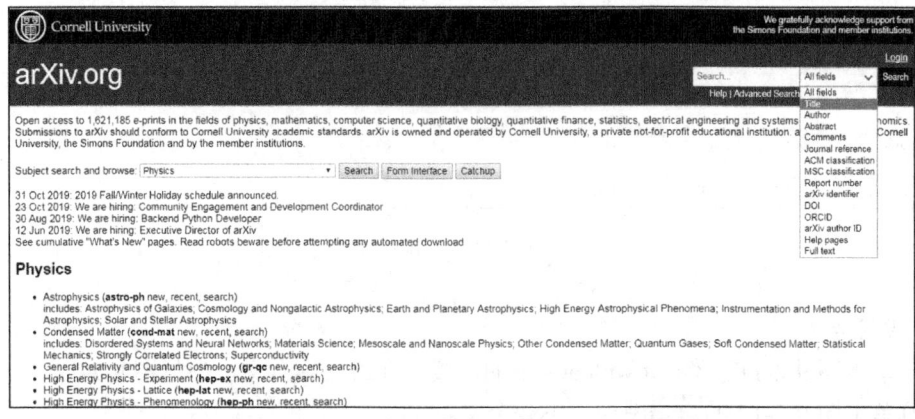

图 9-3-1　arXiv.org 主页

1）检索方式和检索方法

如图 9-3-1 所示，arxiv.org 提供基本检索、高级检索和学科分类浏览 3 种方式。

(1) 基本检索。在检索框输入检索词，可进行字段限制，参见图 9-3-1 右上方。

(2) 高级检索。单击图 9-3-1 基本检索下的链接，打开高级检索界面，高级检索可实现布尔检索技术的组配，可进行年代、字段的限制，检索方法参见实例。

(3) 学科分类浏览。单击学科类目下的子类（如 Physics→Astrophysics），打开浏览界面，可选择按最新、最近、近几月或按年代浏览，也可选择在子类的下分类目中浏览，参见图 9-3-1。

2）检索实例

检索课题：网络入侵防御系统（Intrusion Prevention Systems in Networks）

(1) 编制检索策略。

①分析课题，选检索词。

网络——networks；入侵防御系统——intrusion prevention systems

②使用相关检索技术，构造检索提问式。

[networks and intrusion prevention systems]/ti

(2) 实施检索策略。

①登录网址 http://arxiv.org，访问 arXiv.org 主页。

②打开高级检索界面，输入检索提问式，如图 9-3-2 所示。

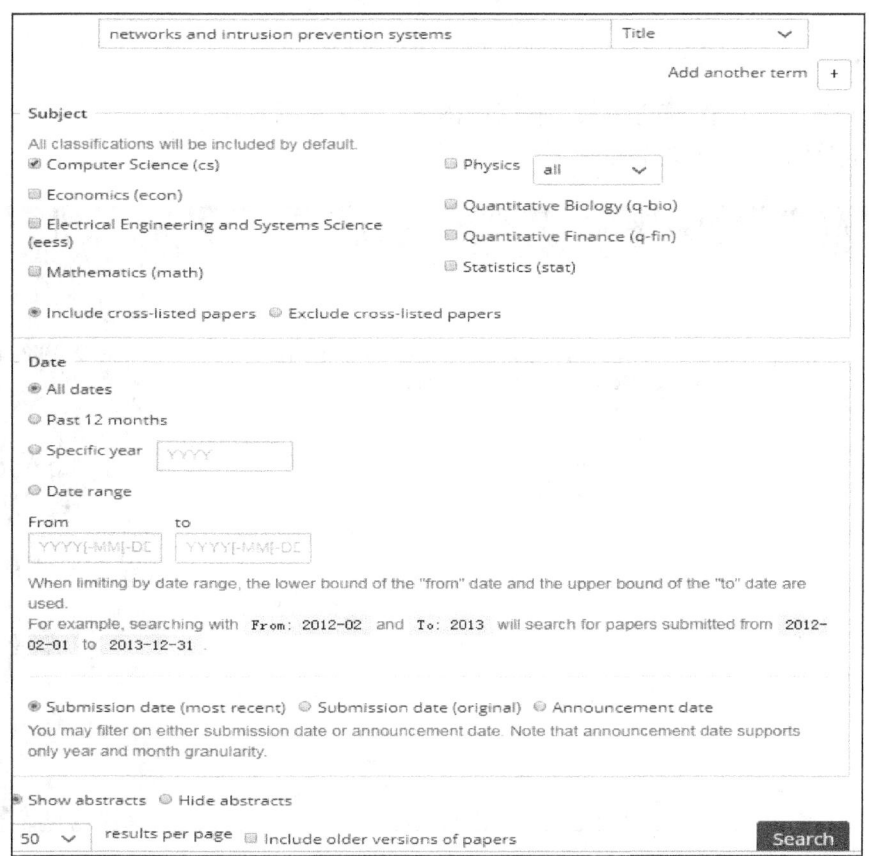

图 9-3-2　高级检索界面——输入检索提问式

③单击 Search 按钮，得检索结果 3 篇，如图 9-3-3 所示。

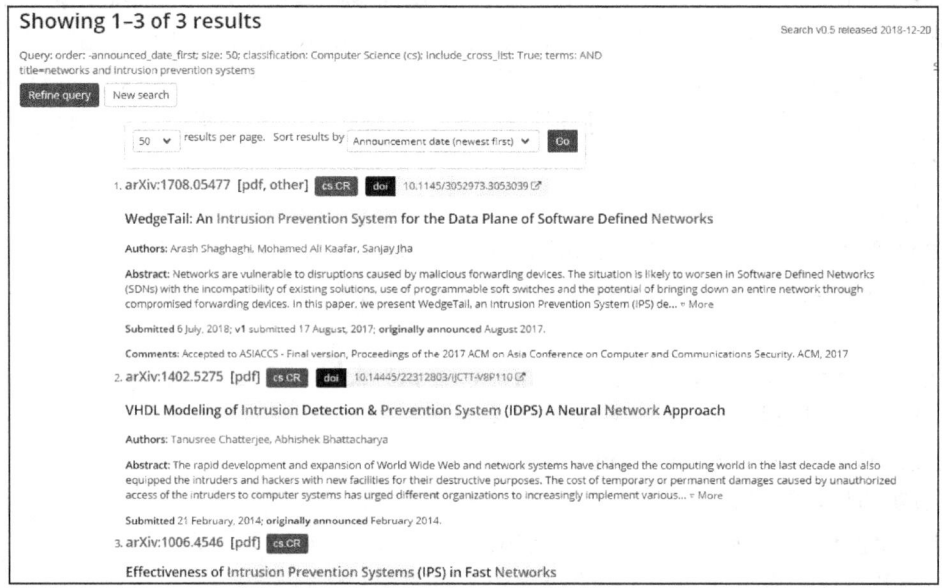

图 9-3-3　检索结果及文摘

(3) 获取全文。

①选择第 1 篇，单击 pdf 链接，在线阅读全文，参见图 9-3-4。

②单击 ⬇ 图标，下载全文。

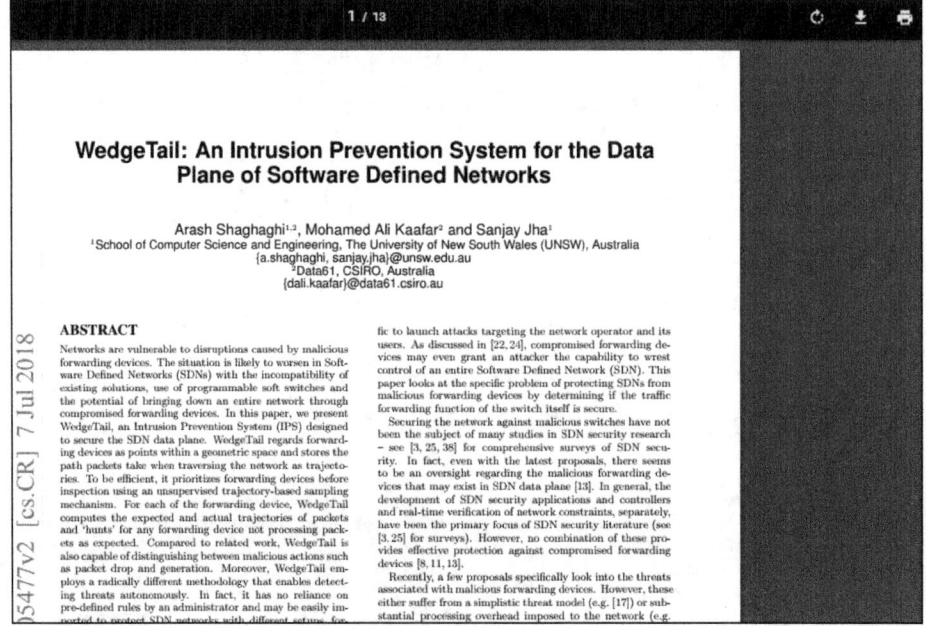

图 9-3-4　全文阅读、下载页面

2. viXra.org

因 arXiv 预印本库上传的论文越来越多，arXiv 为了保证质量，采取审核机制，符合康奈尔大学学术标准的论文才能投稿上传。viXra.org 是一个新的预印本库，由康奈尔大学图书馆进行维护和管理，对新的科学论文不审核，采取完全开放方式，倡导作者将文稿上传到数据库，可免费下载全文，内容涵盖物理、数学、计算学、生物、化学、人文学等学科。网址为 http://vixra.org，主页如图 9-3-5 所示，提供基本检索和学科分类浏览 2 种方式，具体使用方法参照 arXiv.or。

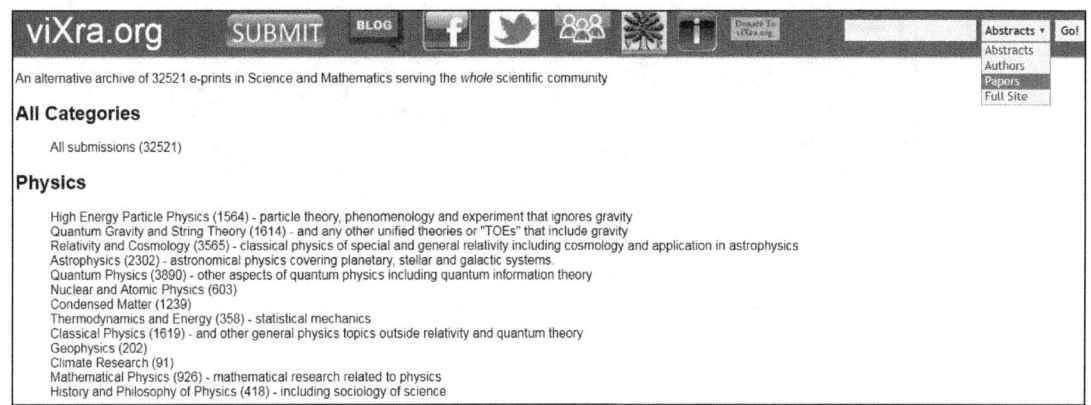

图 9-3-5　viXra.org 主页

9.3.2　中国科技论文在线

1. 概况

中国科技论文在线是针对论文发表困难，学术交流渠道窄，不利于科研成果快速、高效地转化为现实生产力而创建的科技论文网站。利用现代信息技术手段，打破传统出版物的概念，免去传统的评审、修改、编辑、印刷等程序，给科研人员提供一个方便、快捷的交流平台，提供及时发表新成果和新观点的有效渠道，从而使新成果得到及时推广，科研创新思想得到及时交流。主要由首发论文库、期刊论文库、知名学者库 3 大子库组成。首发论文库是预印本论文库，2003 年以来，首发论文 98531 篇；期刊论文库是全免费 OA 论文库，收录近千种科技期刊，逾 130 万篇论文；知名学者库是学者主题 OA 论文及学者关系库，在库学者论文 10 万余篇。内容涵盖自然科学、工程技术、医药卫生、农业科学与人文科学，网址为 http://www.paper.edu.cn，首页如图 9-3-6 所示。

2. 用户注册

中国科技论文在线将服务的对象分为注册用户和非注册用户两类。非注册用户只能以访客的身份，对网站信息进行部分检索、浏览和下载。注册用户可以使用网站的所有功能，享受更多便捷服务，包括投稿、评论、定制、添加私人标签、收藏站内外各类资讯、加入您感兴趣的学术圈子等用户个性化功能。建议首次使用中国科技论文在线的用户，在首页完成注册程序，成为中国科技论文在线的注册用户。

图 9-3-6　中国科技论文在线首页

3. 检索方式和检索方法

如图 9-3-6 所示，中国科技论文在线提供科技论文跨平台全文检索和高级检索 2 种方式。

（1）科技论文跨平台全文检索。在检索框输入一个检索词或多个检索词（多个检索词之间空一格），单击 检索 按钮即可得相关结果，参见图 9-3-6。

（2）高级检索。单击 高级检索 按钮，打开高级检索界面，参见图 9-3-7。高级检索方式可实现字段间的布尔逻辑与、或、非组配，可选择在全库、单库中进行检索，可对检索的论文进行时间指定。

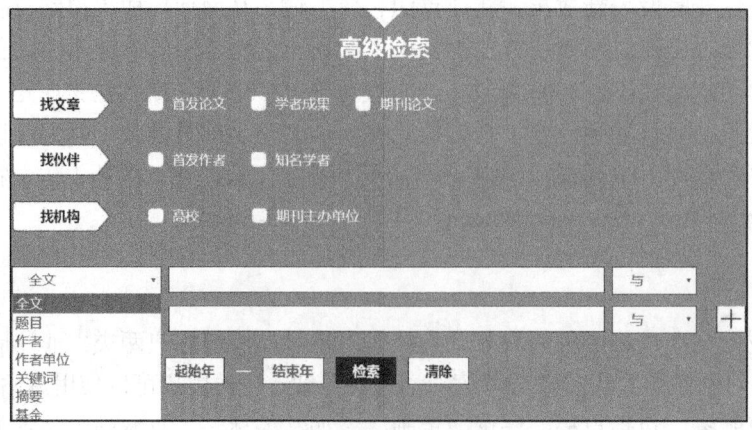

图 9-3-7　高级检索界面

4. 检索实例

检索课题：网络入侵检测系统

1）编制检索策略

(1) 分析课题，选检索词。

网络；入侵检测

(2) 使用相关检索技术，构造检索提问式。

检索提问式 1：网络 入侵检测

检索提问式 2：网络 入侵检测/题目

2）实施检索策略

登录网址 http://www.paper.edu.cn，访问中国科技论文在线主页。

(1) 科技论文跨平台全文检索。在科技论文跨平台全文检索界面，输入检索提问式 1，如图 9-3-8 所示。单击 检索 按钮，得检索结果 318 篇，如图 9-3-9 所示。

图 9-3-8　科技论文跨平台全文检索界面——输入检索提问式 1

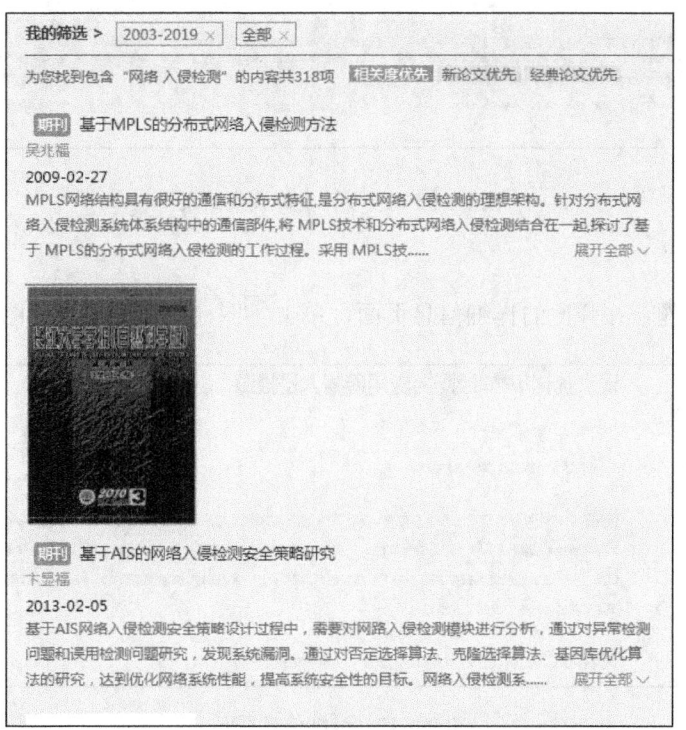

图 9-3-9　跨平台检索结果

(2)单库检索。单击 高级检索 链接,打开高级检索界面,选择"首发论文"复选框,输入检索提问式 2,如图 9-3-10 所示。单击 检索 按钮,得检索结果 17 篇,如图 9-3-11 所示。

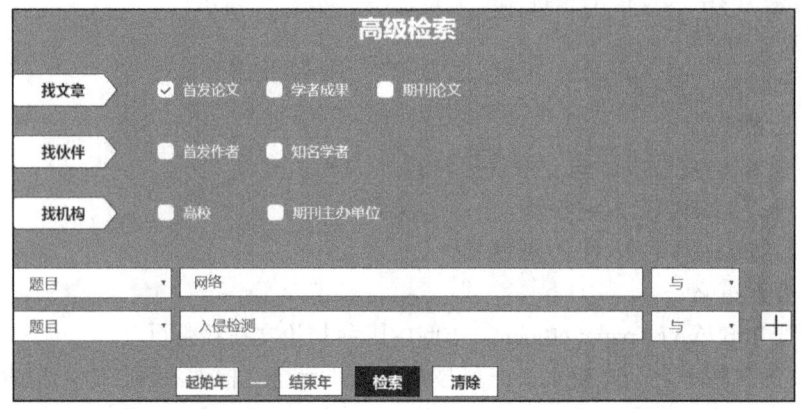

图 9-3-10　首发论文库检索界面——输入检索提问式 2

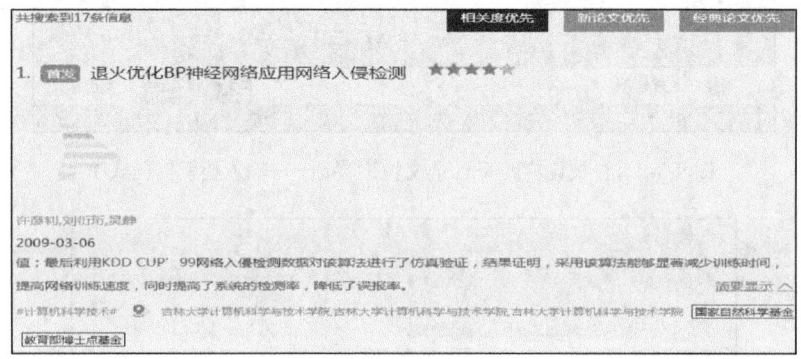

图 9-3-11　首发论文库检索结果

3)下载全文

单击论文标题,在弹出的详细信息页面,单击 图标下载全文,如图 9-3-12 所示。

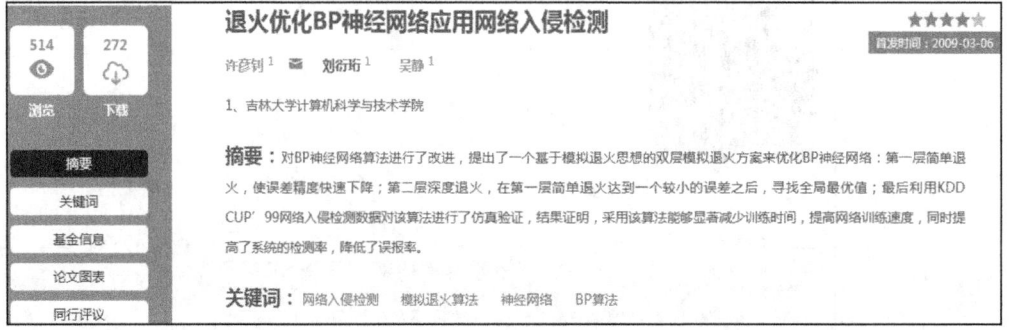

图 9-3-12　详细信息页面

第 10 章 信息资源的分析与利用

10.1 信息资源的收集、整理与分析

10.1.1 信息资源的收集原则与整理方法

检索各种信息资源的目的在于利用,信息资源作为可再生的资源,在科技领域中从研究项目的立项、研制到成果鉴定、专利的申请,从技术转让或引进到新产品的开发,根据不同的目的无不需要利用有关的信息。利用信息不仅能扩展人们的视野,避免重复别人的研究工作,而且使已有的信息达到产生新知识的效能。因此,占有相关信息已成为科学研究工作的前提条件。

1. 收集原则与方法

1)收集原则

信息资源的收集原则如下:应依据研究课题的学科专业性质和与其他相邻学科的关系、信息需求的目的来确定收集的深度与广度。

2)收集类型

信息资源的收集类型主要依据研究课题的特征来确定。一般而言,基础研究侧重于利用各种著作、学术论文、技术报告中提供的信息,应用研究侧重于利用各种学术论文、专利说明书、技术报告、技术标准、参考工具书中提供的信息。主要有以下几种:

(1)对于科技攻关方面的课题,收集的重点通常是科技报告、专利说明书、会议论文和期刊论文等。

(2)对于技术改造、革新方面的课题,收集的重点通常是专利说明书、技术标准、科技报告和期刊论文等。

(3)对于综述性质的课题,收集的重点通常是近期发表的一次、三次文献,包括期刊论文、会议论文、专著、年鉴、手册、科技报告及综述、述评、进展报告、动态、专题论文等。

(4)对于成果鉴定方面的课题,收集的重点通常是专利说明书,也包括相关的科技成果公报、期刊论文和会议论文。

3)收集方法

信息资源的收集方法概括起来有系统检索、访问考察和科学实验法。

(1)系统检索就是利用手工检索工具和计算机检索系统,查找已公开发布的信息。先检索三次文献,如各种参考工具书,以便明确课题要求,汇集查找线索;再通过手工检索工具和计算机检索系统查找有价值的文献信息;最后通过有关途径获得各种原始文献。具体检索方法参见第 3 章~第 9 章。

(2)访问考察就是有目标地进行专访、座谈、实地参观或参加有关的国内外学术会议进

行交流等，收集未公开发布的信息，以弥补系统检索的不足。

(3) 科学实验法就是将实验中观察到的事物变化的过程、条件、测量的数据、实验用仪器设备等有价值的信息记录下来。

2. 整理方法

对收集的信息须进行一系列的科学整理，整理方法主要包括形式整理和内容整理。

(1) 形式整理。首先将收集的信息按题名、编著者、信息来源、内容提要顺序进行著录；其次按各条信息涉及的学科或主题进行归类，并著录分类号和主题词；最后将著录和归类后的信息，按分类或主题进行编号、排序，使之系统化、有序化。

(2) 内容整理。通读经形式整理后的信息，从信息来源、发表时间、可靠性与先进性、理论技术水平及实用价值等方面进行评价鉴别，剔除实际意义不大和参考价值不大的部分。将经通读选择出的各条信息中与研究课题有关的观点(论点、论据、结论等)和图表数据提取出来，对相同的观点进行合并，相近的观点进行归纳，各种图表数据进行汇总，编号排序供下一步分析、利用。

10.1.2 信息资源的分析方法

信息资源分析是在充分占有有关信息的基础上，把分散的信息进行综合、分析、对比、推理，重新组成一个有机整体的过程。用于信息资源分析的方法有逻辑学法、数学法和超逻辑想象法三大类，其中逻辑学法是最常用的方法。逻辑学法具有定性分析、推论严密、直接性强的特点，属于这一类的常用方法有综合法、分析法。

1. 综合法

综合法又称综合归纳法，是把与研究课题有关的各种分散信息，如相关的情况、数据、素材等，按特定的目的汇集、归纳形成系统、完整的信息集合。也就是从事物各种错综复杂的现象中探索它们之间的内在联系，以便从整体角度全面考察事物发展的全过程，从而获得新的认识和新的结论，是一种常用的定性分析方法。综合法具体分为简单综合、分析综合和系统综合。

(1) 简单综合。把原理、观点、论点、方法、数据、结论等有关信息一一列举，进行综合归纳而成。

(2) 分析综合。把有关的信息在对比、分析、推理的基础上进行归纳综合，并得出一些新的认识或结论。

(3) 系统综合。这是一种范围广、纵横交错的综合方式。把获得的信息从纵的方面综合与之有关的历史沿革、现状和发展预测，从中得到启迪，为有关决策提供借鉴；从横的方面综合与之有关的相关学科领域、相关技术，从中找出规律，博采众长，为技术创新的起点或技术革新的方案提供相关依据。

2. 分析法

分析法是将复杂的事物分解为若干简单事物或要素，根据事物之间或事物内部的特定关系进行分析，从已知的事实中分析得到新的认识与理解，产生新的知识或结论。分析法按分析的角度不同，常用的有对比分析法、相关分析法和数学分析法。

(1) 对比分析法，是确定事物之间差异点和共同点的逻辑方法，是分析综合、推理研究的基础，也是信息分析中常用的一种分析方法。按对比的目的分为：①对同类事物不同方案、技术、用途进行对比，即从对比分析中找出最佳方案、最优技术、最佳用途；②对同类事物不同时期技术特征进行对比，即从对比分析中了解发展动向和趋势；③对不同事物进行类比，即从不同事物的类比中找出差距，取长补短。按对比的方式分为文字分析对比、数据分析对比、图表分析对比等。

(2) 相关分析法，是利用事物之间或事物内部各个组成部分之间存在的某种相关关系，如利用事物的现象与本质、起因与结果、目标与方法和过程等相关关系，从一种或几种已知事物特定的相关关系顺次地、逐步地来预测或推知未知事物，或获得新的结论。

(3) 数学分析法，是将两个或两个以上有某种函数关系的信息数据用数学公式进行研究的方法，即对事物作定量描述，把事物间的数量关系抽象成各种数据、曲线和模型，从中得出事物发展规律的一种定量分析方法。

10.2 信息资源的利用与再生

10.2.1 信息资源的利用

信息资源利用涉及的范围很广，它对科学研究和技术应用产生的作用具有间接性的特点，归纳起来主要有两大类型。

1. 战略性、规划性研究项目

如科技发展对策研究、产业发展对策研究，研究项目的立项论证等。前者根据国力发展的需要，利用国内外科技发展中采用过的决策、先进技术或经验教训等方面的信息，为解决带有全局性、方向性、决策性的问题，制定科技发展规划，科技发展的资源、人力条件及重点与优先发展的技术领域等提供参考与借鉴。后者针对研究项目涉及的主要研究特征和理论、技术内容，利用相关的大量信息，对国内外相关的研究进行比较分析，论证本项目是否属重复研究、有无研究价值、是否能推广应用等，为项目立项的可行性、先进性和实用性提供参考依据。该类研究项目主要以技术经济信息研究和技术水平动向信息研究体现，研究范围较广。技术经济信息研究以特定范围的技术经济信息为具体研究内容，即对一项技术的先进性、实施的可行性和经济上的合理性作技术经济方面的比较、分析，具有较强的政策性和针对性。技术水平动向信息研究以特定技术与国内外的现实水平及未来发展趋势为具体研究内容，即将特定技术与国内外相关的技术水平进行比较、分析，找出差距，确定研究工作的起点，具有较强的预测性和针对性。

2. 战术性、短期性研究项目

如研究成果鉴定和专利申请查新、研究过程中的技术攻关等，利用各类信息中所提供的相关原理、方法、技术、工艺、设备等为研究成果的鉴定级别提供相关的背景材料，为专利申请是否具备新颖性条件提供依据，为技术攻关提供参考借鉴。此外，技术引进或转让、新产品的开发研究等，也需要利用相关的信息来论证引进技术的先进性，是否适合国情，转让技术是否会侵犯别人的知识产权，新产品的开发是否具有新颖性和市场价值等。该类研究项目主要以专题信息研究体现，研究范围较窄。以与某项专门课题有关的信息为具体研究内容，为一项新技术、一种新工艺、一个新产品、一套新装置、一类新材料等的研制与应用提供技术参考借鉴或水平评价的背景材料。

10.2.2 信息资源的再生

信息资源的再生是对有关信息进行分析、利用，产生新知识的过程，须用一定的形式表现出来。根据利用信息的目的和类型，可用信息研究报告和学术论文的形式再现。信息研究报告在占有大量信息的基础上，以信息为主要研究对象，对有关问题进行分析、预测撰写而成。学术论文是将有关理论、方法、经验、结论等信息进行处理、转换或直接借鉴，并与研究实践相结合撰写而成的。

1. 信息研究报告的撰写

1）信息研究报告的类型与特点

信息研究报告的目的一般是为领导决策部门、行业决策部门提供参考。它在占有大量信息的基础上，结合课题的研究目标与需求，对有关信息进行系统整理、分析、归纳与综合叙述，并提出分析结论或建议。信息研究报告根据研究的目标和使用的对象不同，主要以综述、述评和专题报告的形式再现。

（1）综述。具有高度浓缩同类或相似内容使之系统化、只述不评的特点。根据涉及的内容和叙述的形式，有综合性综述、专题性综述和文摘性综述。综合性综述是针对某一学科或专题所作的全面、系统的叙述。专题性综述是针对某项特定的技术或产品所作的专门叙述。文摘性综述是将某一学科或专题的有关信息用文摘方式所作的叙述。文摘性综述是近年发展起来的一种形式，既有综合性综述的特点，又具有一定的检索作用。

（2）述评。高度浓缩有关理论、观点、数据、结论等信息，并带有一定评价性。因而，述评除具有综述的特点外，其突出的特点是文中还包括作者本人的观点和建议。

（3）专题报告。专题报告是对某项专门课题，如某项技术的引进或出口、某项产品的开发与利用前景预测、某个项目的立项决策等而进行的专题信息研究。研究的结果可以是针对所提问题的判断和预测，也可以是某种建议或方案，因而同时具有综述和述评的特点。

2）信息研究报告的结构

以上三类信息研究报告的结构主要由前言、正文、结论或建议、附录四部分组成。

（1）前言包括：①对研究课题的目的、意义，研究内容、目标的简述；②信息检索范围；③检索策略；④检索结果。

（2）正文是主要内容的叙述部分。在整理分析信息的基础上，对涉及的国内外同类技术、同类产品、同类设备等信息进行归纳、分析与综合叙述。具体可按照综述或述评标题所涉及的事物或专题研究的事物，以时间为序叙述，也可以事物的不同特征、不同应用领域分别叙述，然后归纳综合。若为述评，还应包括分析、评论和建议。

(3) 结论或建议。根据信息归纳、分析，按照研究课题的内容、目标，提出定性或定量的分析结论，其结论应与正文的叙述或评论紧密呼应。若为述评或专题报告，还应包括预测性建议。

(4) 附录。将信息研究报告所引用的各条信息按主题或分类的原则编制成题录或文摘，可作为信息研究报告的附录，以供需要时查考。

2. 学术论文的撰写

学术论文是将新的学术观点、创造性研究成果、技术应用中新的发现等撰写成有论有据的、有所创新的科学记录，是将已有的信息和新获得的信息进行系统化处理并进行文字加工、科学编辑，实现信息再创造的过程。按论文撰写的不同目的，有科技论文和学位论文之分。

1) 科技论文的撰写

(1) 科技论文的特点。科技论文是表达、论证科学技术研究成果的一种科技写作文体，它有如下特点。

①科学性。科技论文反映的科研成果是客观存在的自然现象和规律，论文中采用的数据、资料必须是真实可靠的，对各种概念的描述、专业术语的应用都是准确无误的。

②创造性。科技论文的价值还要看它是否在前人研究的基础上有所发明和创新。

③专业性。科技论文针对某个或几个学科专业来论证阐述自己的观点，行文中使用的都是科学的专业术语。

(2) 科技论文的结构。科技论文主要以期刊、会议文集的形式发表，一般由标题、责任者姓名、摘要、关键词和分类号、正文、参考书目组成。

①标题又称题名、题目，是文章中心内容的高度概括，即以简短、恰当的词语概括论文最重要的内容。因此标题的拟定必须准确表达文章的主要内容，恰当反映研究的范围和深度，用词要准确、精炼，所用的词语必须有助于关键词的选择，因此标题要选用实质性的词语，一般不超过 20 字，外文(英文)标题一般不宜超过 10 个实词。

②责任者姓名包括论文作者姓名和第一作者工作单位。个人成果应由个人署名，集体成果由承担研究工作的人员按贡献大小先后署名，既能体现研究成果的荣誉归属，又能体现文责的归属。

③摘要是论文内容不加注释和评论的简短陈述。摘要应具有独立性和自含性，应包含与论文同等量的主要信息，是一篇完整的短文。一般应说明研究的目的、采用的研究手段、实验方法、结果和最终结论，不阅读全文，就能获得必要的信息。摘要中一般不用图、表、化学结构式、非公知公用的符号和术语，中文摘要一般为 200~300 字，外文摘要不超过 250 个实词。

④关键词和分类号。关键词是从论文标题和全文中抽选最能代表论文主题的实质性词汇，一般为 3~8 个，应尽量选用《汉语主题词表》或其他相关词表提供的规范词，同时应注有对应的英文关键词。分类号以论文主题涉及的学科门类为依据，使用《中图法》选择确定，同时应尽可能注明 UDC 类号，便于信息处理和交换。

⑤正文是论文的主体，可由研究对象、采用的实验方法与技术、所用的仪器设备与材

料、实验观测结果、计算方法和编程原理、数据资料、图表、形成的论点、导出的结论等组成，要求客观真实、论点明确、重点突出、论据充分、逻辑严密。

⑥参考书目，即论文参考和引用的文献。科学具有继承性和连续性，在论文后列出所参考或引用过的参考书目，既反映了严肃的科学态度，也体现了尊重他人的劳动成果，同时给论文使用对象提供查考原文信息的线索。根据国家标准，著作类按下列格式著录：

作者姓名(译著者姓名). 著作名称(书名)[文献类型标识]. 出版地: 出版社, 出版年.

期刊论文按下列格式著录：

作者姓名. 论文标题[文献类型标识]. 期刊名称, 出版年, 卷(期): 起讫页码.

专利文献按下列格式著录：

专利申请者或所有者. 专利题名: 专利号[文献类型标识]. 公告日期或公开日期.

2) 学位论文的撰写

(1) 学位论文的特点。学位论文是本科生或研究生从事学习和科学研究活动的学术论文，与一般论文的写作不同，质量要求更高，结构更为严谨，概括说来，学位论文的特点主要有如下几点。

①学术性。学位论文是对研究生或本科生多年学习成果及科研能力的检验，要体现一定的学术科研水平，对论文学术性的要求是比较高的。

②有一定的篇幅规定。一般的学术论文只要有一定的创见，对篇幅是没有强制性规定的。而学位论文对选题和规模均有相关规定，一般而言，学士学位论文应达到 1 万字左右，硕士学位论文应达到 2 万~4 万字，博士学位论文则要求 5 万字以上。

③观点明确、结构严谨。学位论文经过慎重选题和较长时间及较广范围的资料收集，是较为成熟的学术性文章，具有观点明确、结构严谨的特点。

④语言规范，措辞得当。学位论文对于数字、标点、章节编号等均有书写标准，不能随意使用；要使用正规的书面语言，避免使用敏感字眼和毫无根据的绝对性判断语句。

⑤写作格式和装订方式统一。各院校的学位论文都有统一的写作格式和装订版式要求。

(2) 学位论文的结构。学位论文主要以独立的形式提交存档，一般由封面、摘要和关键词、目次页、引言(或绪论)、正文、结论、致谢、参考书目等组成。

①封面。学位论文封面应包括题名页的主要信息，如论文题名、论文作者等。其他信息可由学位授予机构自行规定。

②摘要和关键词。摘要的撰写和关键词的选择与科技论文基本相同。为了便于国际交流，应有相应的英文摘要和关键词。为了评审，学位论文的摘要可以不受字数规定的限制。

③目次页。由论文的章、节、条等的序号、名称和页码组成。

④引言(或绪论)。为反映作者是否掌握了坚实的基础和系统的专门知识，是否对研究方案作了充分论证，引言(或绪论)应包括有关的综述以及理论分析等。

⑤正文。这是论文的核心部分。由于学位论文级别的不同，研究工作涉及的选题、研究方法及深度、结果表达等都有一定的差异，不作统一规定。但实验结果应尽量采用具有直观性的图表，可提高论文的说服力。图一般用绘图纸绘制标准图，少使用照片图。论文中涉及的计量单位应使用法定计量单位，可参照国家标准 GB 3100—1993《国际单位制及其应用》和 GB 3101—1993《有关量、单位和符号的一般原则》。

⑥结论。以研究工作及过程中获得的事实为依据，对已有的结果或推论进行概括和评价，不是正文中各章节的简单重复，宜采用简洁的文字准确表达。

⑦致谢。包括对各种基金、合同单位、资助的组织或个人；协助完成研究工作和提供条件的组织或个人；提出建议和提供有关帮助的人；其他应感谢的组织或个人。

⑧参考书目。见"科技论文的撰写"部分。

10.3 信息研究报告撰写示例

毕业论文开题报告撰写范例

课题名称：磷化工国内外专利信息研究

1. 前言

1.1 研究的目的、意义及内容

从磷矿石采选到磷化工产业是化学工业的一个重要分支。磷化工包括磷矿、元素磷、磷酸、磷酸盐、磷肥、磷化物、磷系农药、有机磷酸酯等八大类产品。至今磷化工产品的品种已超过 250 多种，其应用范围涉及农业、工业、国防和尖端高科技等 18 个学科领域的 60 多个分支。我国的磷化工品种已有 100 多种，主要生产基地分布在云南、四川、湖北、上海、江苏、浙江、安徽等省、市，其综合生产能力已跃居世界第二位。但是在我国，技术含量和附加值高的磷化工产品的品种和数量仍较落后，有些品种甚至还是空白。本课题的研究目的是针对磷及其磷化物(元素磷、磷酸及其盐类)、磷肥，磷系农药及有机磷酸酯的国内外专利信息进行全面、系统的收集，并对已有的相关专利技术进行综合与分析，为发展我国磷化工产业并具有一定的国际市场竞争力提出预测性建议。

1.2 检索策略与检索结果

1.2.1 检索策略

1)选择检索系统

根据信息需求，选择以下检索系统：

(1)中国专利数据库(光盘)；

(2)IBM 知识产权信息网；

(3)美国专利数据库。

2)确定检索词

根据研究课题的研究内容和目的，信息检索应满足全面、系统的要求，确定检索词如下。

(1)中文检索词：1. 磷；2. 黄磷；3. 磷酸；4. 磷酸盐；5. 磷酸酯；6. 磷肥；7. 磷复(混)肥；8. 过磷酸盐；9. 磷酸铵；10. 钙镁磷；11. 磷酸钙；12. 磷酸二氢钾(钙)；13. 尿素磷铵；14. 农药；15. 杀虫剂；16. 杀菌剂

(2)外文检索词：1. manufacture；2.preparation；3.production；4.synthesis

(3)国际专利分类号(IPC)：1.C01B25——磷；及其化合物；2. C01B15/16—含磷的氧化物；3.C05—肥料；肥料制造

3）检索提问式

(1) 中文检索提问式。

检索式 1：1+2+3+4+5+6+7+8+9+10+11+12+13

检索式 2：1*(14+15+16)

(2) 外文检索提问式。

检索式 3：C01B25*(manufacture+preparation+production+synthesis)

检索式 4：C01B15

检索式 5：C05B*(manufacture+preparation+production+synthesis)

检索式 6：phosphoric*(pesticide+insecticide+bactericide)

1.2.2　检索结果

1）中国专利数据库（光盘）

使用检索式 1、2，命中 261 条（详见附录 A：磷化工中国专利信息文摘部分）。

2）IBM 知识产权信息网

使用检索式 3，命中 2233 条；使用检索式 4，命中 324 条。

3）美国专利数据库

使用检索式 3，命中 694 条；使用检索式 4，命中 711 条。

详见附录 B、C、D、E：磷化工国外专利信息题录部分。

2. 磷化工中国专利技术概况综述

2.1　磷、黄磷、红磷制备工艺及设备（略）

2.2　磷酸及其盐类的生产工艺及设备（略）

2.3　磷肥生产新工艺及技术（略）

2.4　含磷复混肥的生产方法及技术（略）

2.5　有机磷酸酯的制备方法与技术（略）

2.6　磷系农药的制备方法（略）

3. 磷化工国外专利技术概况综述

3.1　磷及其化合物产品

磷及其化合物产品的技术主要集中在日本、美国、欧洲专利组织、捷克、英国、加拿大、澳大利亚、俄罗斯。除一般的磷化物，如元素磷、黄磷、红磷、磷酸、磷酸盐的生产技术外，以上各国家和组织比较有代表性的磷系化合物技术分述如下。（略）

3.2　过磷酸盐

过磷酸盐的生产技术主要集中在美国，包括各类磷酸盐其生产方法，如连续生产法、两步法、离子交换法、电析法。净化方法以及精制方法等。（略）

3.3　磷系肥料

磷系肥料的生产技术主要集中在美国、日本、欧洲专利组织、捷克，其次为俄罗斯、澳大利亚、英国、挪威和南非。（略）

3.4 磷系农药

以磷酸酯、有机磷酸酯及磷酸衍生物构成磷系农药的几大类型，其中，以美国、日本、加拿大、欧洲专利组织、英国等国家和组织技术为领先。(略)

4. 分析与建议

4.1 国内有关技术分析

经所得文献分析可知，有关磷酸及其盐类、磷肥、有机磷方面的专利技术的地理分布主要在四川省、辽宁省、云南省、山东省、北京市；磷系农药方面的专利技术主要分布在山东省、天津市、北京市、广西壮族自治区、四川省、辽宁省和江苏省。时间分布主要在20世纪90年代以后，1989年以前公开有关技术40件；1990～1994年公开有关技术117件；1995～1998年公开有关技术104件。磷化工研究机构主要是四川大学、郑州工学院、云南磷业公司；农药研究机构主要是南开大学、山东农业大学。

4.2 国外有关技术分析

磷及其化合物方面共包括27个国家和组织的专利技术，合计2233件。排列前十位的是：日本(854件)、美国(334件)、欧洲专利组织(211件)、捷克(176件)、英国(127件)、加拿大(120件)、澳大利亚(84件)、俄罗斯(72件)、中国(68件)、世界专利组织(33件)。过磷酸盐共包括20个国家和组织的专利技术，合计324件。排列前五位的是：美国(259件)、欧洲专利组织(14件)、澳大利亚(7件)、日本(6件)、英国(5件)。磷肥共包括27个国家和组织的专利技术，合计694件。排列前五位的是：美国(241件)、日本(115件)、中国(49件)、欧洲专利组织(48件)、捷克(38件)。磷系农药共包括15个国家和组织的专利技术，排列前五位的是：美国(350件)、加拿大(152件)、日本(92件)、欧洲专利组织(57件)、英国(33件)。

4.3 建议

根据以上国内外概况与分析，充分利用国内丰富的磷资源，发展磷化工产业，扩展磷化工产品的品种，加入国际市场的竞争，在国内已具备较好的基础。应以四川、云南两省为重点发展基地，联合辽宁省、山东省、北京市、天津市等地的技术力量，进行磷资源及磷化工的开发和深加工。同时对国外的磷化工产品及技术要组织专门的研究，在磷化物品种方面要侧重研究日本、美国、欧洲专利组织、捷克、英国、加拿大、澳大利亚等国家和组织的技术；在过磷酸盐品种方面侧重研究美国、欧洲专利组织的技术；在磷系肥料品种方面侧重研究美国、日本、欧洲专利组织、捷克等国家和组织的技术；在磷系农药品种方面侧重研究美国、加拿大、日本、欧洲专利组织、英国等国家和组织的技术。以先进的技术为依托，以开发高附加值的磷的深加工产品为主导，使我国的磷化工产品具有相对特色，从而占有一定的国际市场。

附录 磷化工国内外专利信息文摘与题录

附录A 磷化工中国专利信息文摘(略)

附录B 国外专利信息题录——磷及磷化物(略)

附录C 国外专利信息题录——磷酸盐及过磷酸盐(略)

附录 D　国外专利信息题录——磷系肥料(略)
附录 E　国外专利信息题录——磷系农药(略)

文摘与题录编制说明：
1) 中国专利信息文摘的编制
(1) 按 IPC 前四级分类号排检。
(2) 每类下按专利公布日期排检。
2) 国外专利信息题录的编制
(1) 分为磷及磷化物、磷酸盐及过磷酸盐、磷系肥料、磷系农药 5 部分。
(2) 每部分按国别代码字顺排检，同一国家按专利号顺序排检。
(3) 每条题录由专利号、英文名称和中译文组成。

参 考 文 献

曹志梅, 范亚芳, 蒲筱哥, 2008. 信息检索问题集萃与实用案例. 北京: 北京图书馆出版社
杜春雷, 马方亮, 张彤, 2007. 对欧洲专利的研究与利用. 现代情报, 27(4): 219-220
孟广均, 等, 1998. 信息资源管理导论. 北京: 科学出版社
彭蕾, 赵乃瑄, 2005. 国内最具影响的三种电子图书系统比较分析. 图书馆理论与实践, (3): 6-7
世界知识产权组织, 2009. 国际外观设计分类表(中英文对照版). 9版. 国家知识产权局, 译. 北京: 知识产权出版社
王日芬, 李晓鹏, 丁晟春. 2003. 网络信息资源检索与利用. 南京: 东南大学出版社
张惠惠, 2000. 信息检索. 北京: 机械工业出版社
http://arxiv.org
http://ieeexplore.ieee.org
http://lib.cqvip.com
http://lib.scu.edu.cn
http://ovidsp.tx.ovid.com
http://pubs.acs.org
http://scitation.aip.org
http://vixra.org
http://worldwide.espacenet.com
http://www.cnipa.gov.cn
http://www.cnki.net
http://www.doaj.org
http://www.nature.com
http://www.paper.edu.cn
http://www.pqdtcn.com
http://www.pss-system.gov.cn
http://www.sciencedirect.com
http://www.socolar.com
http://www.uspto.gov/patents/process/search
http://www.wanfangdata.com.cn